CW00455643

1
Política Criminal de la Guerra

huellas

Memoria y Texto de Creación

Serie
Desafío(s)

(Publicación periódica de *Utopías del Control y Control de las Utopías*)
Coordinada por Roberto Bergalli e Iñaki Rivera Beiras

1
Política Criminal de la Guerra

**Utopías del Control
y Control de las Utopías**

Proyecto Editorial en colaboración
entre el OSPDH (Observatorio del Sistema Penal
y los Derechos Humanos de la Universitat
de Barcelona) y Anthropos Editorial

Política Criminal de la Guerra

Roberto Bergalli
Iñaki Rivera Beiras
(coords.)

OSPDH
Observatori del sistema penal i els drets humans

ANTHROPOS

POLÍTICA Criminal de la Guerra / Roberto Bergalli e Iñaki Rivera
    Beiras, coordinadores. — Rubí (Barcelona) : Anthropos Editorial;
    Barcelona : Observatori del Sistema Penal i els Drets Humans de
    la Universitat de Barcelona, 2005
    207 p. ; 18 cm. — (Huellas. Memoria y Texto de Creación ; 15.
Serie *Desafío(s)*, 1)

    Bibliografías
    ISBN 84-7658-758-9

    1. Guerra - Aspectos morales   2. Guerra y crimen   3. Guerra -
Aspectos sociales   I. Bergalli, Roberto, coord.   II. Rivera Beiras, Iñaki,
coord.   III. Observatori del Sistema Penal i els Drets Humans. Universitat
de Barcelona   IV. Colección
    355.01

Esta publicación ha sido posible gracias a la contribución de la DG XII
de la UE *Challenge Project* (The Changing Landscape of European Liberty
and Security / Project n.° CIT1-CT-2004-506255).

Primera edición: 2005

© R. Bergalli, I. Rivera Beiras *et alii*, 2005
© Anthropos Editorial, 2005
Edita: Anthropos Editorial. Rubí (Barcelona)
    www.anthropos-editorial.com
En coedición con el OSPDH, Observatori del Sistema Penal
    i els Drets Humans de la Universitat de Barcelona
ISBN: 84-7658-758-9
Depósito legal: B. 42.850-2005
Diseño, realización y coordinación: Plural, Servicios Editoriales
    (Nariño, S.L.), Rubí. Tel.: 93 697 22 96 / Fax: 93 587 26 61
Impresión: Novagràfik. Vivaldi, 5. Montcada i Reixac

Impreso en España - *Printed in Spain*

PRESENTACIÓN DE *DESAFÍO(S)*

Entre el Observatori del Sistema Penal i els Drets Humans (OSPDH) *de la Universitat de Barcelona y* Anthropos Editorial *está establecido, desde hace ya un tiempo, un proyecto editorial que se ha titulado* Utopías del control y control de las utopías. *Este proyecto fue el fruto de un muy amistoso encuentro entre ambas partes, el cual fue asumiendo cierto vigor y solidez en la medida del mutuo apoyo a la difusión y publicación de las repetidas actividades que el* OSPDH *ha estado realizando en los últimos tiempos, sobre todo a aquellas que se han concretado en los terrenos del debate y la discusión académica.*

Mas, desde que el OSPDH *resultó convertirse en uno de los veintiún grupos de investigación que constituyen el* Challenge Project (The Changing Landscape of European Liberty and Security (Project no. CIT1-CT-2004-506255) *financiado por la Unión Europea, el* OSPDH *ha estado necesitando un medio más ágil para difundir los resultados de sus intervenciones en el marco del* Challenge, *en particular aquellas que transmitan los materiales que se produzcan en reuniones, seminarios o encuentros en los que bien interviniendo actores, como miembros de otros grupos europeos involucrados en dicho proyecto, bien participando invitados externos por el* OSPDH, *se expongan puntos de vista sobre temas que tengan o mantengan una actualidad y que constituyan asuntos de la mayor vigencia cultural en los terrenos en los que hoy se confrontan, en el mundo, el poder desembozado con los derechos de los ciudadanos. En esa búsqueda, la colaboración con* Anthropos Editorial *ha permitido establecer una publicación periódica que facilite este nuevo tipo de difusión más ágil.*

El *proyecto editorial que vincula a nuestras dos partes* (OSPDH y Anthropos), *tal como antes se ha escrito, lleva la denominación de* Utopías del Control y Control de las Utopías. *Por ello, parece necesario aquí decir que tratar de poner límites, es decir, establecer formas de control por parte de las personas, de los grupos, incluso de las instituciones que representan a aquellos ciudadanos, hoy se presenta como una utopía; los ejemplos están cada día en las noticias que los medios de comunicación nos arrojan a nuestro conocimiento. Mas históricamente nadie ha podido, por el contrario, restringir la capacidad humana para crear utopías; es decir, la utopía es un atributo de la condición humana y tratar de controlarla puede suponer un ataque a un derecho fundamental: el derecho de/a pensar. La tentativa que ahora se inicia consiste en otra utopía más.*

Con tales consideraciones, entre el OSPDH *y* Anthropos Editorial *hemos llegado a una decisión que permitirá responder a la necesidad de contar con un medio más ágil que el libro al uso; el propósito es el de poner en circulación, mediante una publicación periódica, contenidos más o menos monográficos sin que esta condición asuma una estipulación resolutoria para cada título.*

Por pura coincidencia, mas asimismo porque ella supone un encuentro lingüístico, algo más que simbólico entre el castellano y el idioma inglés, la publicación recibe un nombre de bautismo que se pretende sea sugerente: llevará el nombre de **Desafío(s)**, *traducción de «Challenge», aunque será difícil descubrir hasta qué punto y a quién(es) se puede retar, provocar, o con quién(es) se pueda contender desde una tribuna de opinión como será la que se inicia. Pero, en cualquier caso y desde ya, dado los tiempos que corren, los desafíos que emerjan de esta y futuras apariciones constituirán la expresión de unas posiciones sostenidas desde hace ya... ¡unas vidas! El ámbito de la cultura que se expresa en castellano, tan rica y productiva en manifestaciones de posi-*

8

ciones fuertes, no termina de iniciar su despegue en los terre-
nos de las disciplinas que tradicionalmente se ocupan, preci-
samente, del control de las conductas humanas. Quizá por
esta característica, aunque también por los condicionamien-
tos que padecen las sociedades de habla castellana, es que
semejante despegue tiene que ser ayudado. Avivar la discu-
sión, aportar ideas, generar la crítica es un modo de contri-
buir. Este modesto pero exigente desafío es el que pretende
*asumir **Desafío(s)**.*

Hemos asimismo acordado que, dado en parte que desea-
mos mantener esta publicación cerca de las contribuciones
del OSPDH al Challenge Project y, puesto también que, por
ahora, de éste provienen ciertos recursos para impulsarla, se
tendrán en mira otras intervenciones del OSPDH en los
marcos de dicho proyecto para futuros títulos. Pese a ello,
***Desafío(s)** estará atento a observar cualquier otro desarrollo*
que se genere en el marco de las actividades del OSPDH, y
también a aquellos que se relacionen con proyectos o discu-
siones surgidos en España, Cataluña y Latinoamérica, en
los que puedan involucrarse sus miembros más activos.

Roberto Bergalli   *Iñaki Rivera Beiras*

INTRODUCCIÓN

I

Muchos temas pueden acuciar la conciencia social contemporánea, tanto en el Este como en el Oeste del planeta Tierra. Si se propusiera un debate sobre la globalización, pese a que mucho se ha dicho en la última década sobre ella, aparecerían nuevos aspectos que promoverían la (re)apertura de su discusión, dado que este fenómeno ha dejado de ser de naturaleza puramente económica y ha venido a envolver todas las aristas de la vida individual y colectiva, en las sociedades más y en las menos desarrolladas. De los efectos que la globalización produce sobre la vida de los humanos, se están desprendiendo muchas cuestiones que afectan aspectos parciales; el trabajo dependiente, la producción deslocalizada, el movimiento de capitales, son todos estos (y muchos otros) de consecuencias relevantes en las relaciones entre las personas, su residencia, la de sus familias, la educación de sus hijos, etc. Y de la ampliación de semejantes efectos, todavía podrían incluirse aspectos que irían estrechando los campos disciplinarios desde los cuales podría afinarse la observación, como también la producción de conocimiento de los mismos.

Sin embargo, hay un tema que resulta ineludible de afrontar —ya desde hace algunos años— y que inexcusablemente se ha incrustado, tanto en Occidente como en Oriente, en cualquier consideración que tenga relación ya no con análisis de disciplinas concretas, sino que involucre cualquier abordaje ensayado desde las disciplinas sociales, económicas, políticas o culturales. Empero, preocupa seriamente cuando el tema en cuestión se asume como una toma de decisión *punitiva y como réplica propia a ciertos comportamientos que así son considerados por ordenamientos jurídico-penales (nacionales e internacionales, en formas de convenciones). Se alude, sin duda, a la guerra; es decir, al uso de formas de las intervenciones bélicas, emprendidas por ciertos países sobre otros, de manera aislada o como bloque, en reprimenda por determinaciones adoptadas por los gobiernos de los países invadidos o porque estos últimos han estado regidos por regímenes que no han revestido las características de las democracias occidentales, o porque sus sociedades han estado atravesadas por conflictos religiosos, étnicos, culturales, etc. o, en definitiva, porque los subsuelos de sus territorios continentales y marítimos poseen yacimientos de hidrocarburos energéticos los cuales, a medida que estos se han agotado en los países hiper-industrializados, se han convertido en riquezas ambicionadas e indispensables para abastecer las actividades productivas de los invasores. Mas, la guerra así emprendida, tal como la hemos visualizado por el efecto amplificador que se ha buscado alcanzar a través de la comunicación de imágenes y su transmisión por el ciberespacio, también ha comportado la exhibición de cuanta maldad y perversidad puede suponer su empleo indiscriminado. Guantánamo y Abu Ghraib han pasado a constituirse en los espejos de semejante profundidad maligna; el alegado «eje del mal» que actuó como disparador para iniciar la estrategia bélica, se ha desplazado al interior de los cuadros de sus ideadores y ejecutores, desempeñándose como «boomerang» en el rescate de la necesaria conciencia ética que sirva para retornar ciertas cosas a su lugar.*

Es indudable que la guerra, así entendida, ha venido a convertirse en una forma de ejercicio muy particular de la política criminal y, como tal, el OSPDH *quiso someterla a discusión. Así fue que los días 9 y 10 de marzo de 2005, convocó un Seminario que se realizó en el Aula Magna de la Facultat de Dret de la Universitat de Barcelona. A dicho Seminario fueron invitados como ponentes estudiosos provenientes de países en los cuales el tema de la guerra es ofi-*

cialmente tomado como un fenómeno natural para profundizar sus pretensiones hegemónicas. *Estos estudiosos* (Alessandro Dal Lago, Università degli Studi di Genova; Christine Harrington, New York University; John Brigham, University of Massachusetts, Amherst; Laurent Bonelli, Universitè Paris X, Nanterre; y Giuseppe Mosconi, Università degli Studi di Padova) *pusieron de manifiesto perspectivas altamente críticas y dejaron a la vasta audiencia que ocupó el recinto del Seminario un panorama contrastante con la visión oficial de los gobernantes de sus respectivos países. Pero, asimismo nos entregaron la convicción que ya entonces, para las fechas indicadas, era muy firme en amplios sectores de opinión europea, en el sentido que la guerra siempre es inmoral y que siempre no sólo sus efectos son perversos, también son malévolas sus intenciones. Puesto que el Seminario fue convocado no sólo para la asistencia, sino también para la participación de estudiantes (de graduado en Criminología, de licenciatura de Derecho, de especialización o máster, de tercer ciclo o doctorado), unos cuantos de éstos intervinieron con Comunicaciones, las que, junto con los textos de las ponencias, se publican en este fascículo de* **Desafío(s)**, *en un apartado pertinente.*

II

La guerra, emprendida por potencias poseedoras de vastos ejércitos, y pertrechados estos con una elevada capacidad bélica y destructora, desconocida hasta ahora, se ha convertido en una actividad permanente. En el tiempo que vivimos, el mundo presencia un tiempo de guerra. Vivimos en guerra. No sabemos muy bien cuándo se haya iniciado, si en 1991 en Irak o en la antigua Yugoslavia, en 2001 en Nueva York o Afganistán, o quizá el 11 de marzo de 2004 en Madrid y se haya continuado en Londres el 7 de julio de 2005. Sabemos, esto sí, que ha transformado todo el mundo en un único frente y que posee una primera línea, larguísima como jamás lo ha sido en la historia, desde Europa a India; que se explica con razones económicas, pero que asimismo posee profundas matrices identitarias; que construye sus ideologías, bendecidas hasta por un papa; que se combate por militares uniformados y por guerrilleros en la sombra; que quien la dirige —tanto de una parte como en la otra— busca su legitimidad sobre todo en el adversario, hasta el punto de convertirse en el necesario correspondiente. No estamos, en estos momentos, en condiciones de decir quién la está venciendo, mas sabemos bien quién la está perdiendo: ellas son las víctimas de carne y hueso, pero también la civilización política de la cual Europa se enorgullece de ser su cuna.

Estará muy bien si la llamamos por su nombre: guerra. Mejor dejar de usar eufemismos para denominarla (humanitaria, preventiva) o pensar que exista una versión legal de ella, de la cual se pueda extraer otra ilegal llamada «terrorismo». Porque, de inmediato, surge una pregunta que aparece como muy lógica: ¿cuál es la diferencia que puede existir entre quien muere en el metro de una gran ciudad occidental, mientras va a su puesto de trabajo, y quien también muere en una choza de un pequeño villorrio, mientras prepara el pan familiar? La distinción semántica, basada sobre la diversidad entre sus formas bélicas, sirve sólo para consolidar los campos de pertenencia desde cuando el derecho internacional ha sido liquidado, desde cuando la política se ha transformado en ejercicio de la fuerza o en su utilización como mentira, desde cuando hay quien bombardea en nombre de la democracia y la libertad y quien asesina en nombre de la religión y la emancipación. Parece que está bien si se afirma que en esta guerra global que nos cubre, la democracia y la fe son palabras que se han convertido en vacías, pantallas que cubren voluntades de dominio, sirviendo a los G8 para blindar sus propios poderes, y a los tantos Bin Laden sus respectivos negocios de familia.

*Los atentados del 7 de julio en Londres, después de aque-
llos de Nueva York, de Madrid, pero también de Bali o Nai-
robi, demuestran que esta guerra no se vence ni con la represión, ni con los controles de policía; ¿es posible cerrar
bajo llave una ciudad —occidental, africana, oriental—,
controlar la vida de sus habitantes minuto por minuto? Naturalmente, no se puede. Los tantos miles de muertos en
Irak, Afganistán, Palestina, nos dicen que ninguna liberación puede provenir del tritolo o la dinamita; ¿se puede pretender aterrorizar a un ejército ocupante, dotado de tecnologías incomparables, con las del invadido? Tampoco se puede.
Al fin —por una parte y por la otra— la guerra sólo sirve
para reproducirse a sí misma y para demostrar una eficiencia bélica que se anula recíprocamente; es producción de
muerte, por medio de muerte.*

*Esta guerra no la vencerá ninguno; quien algo distinto
promete —cualquiera sea el idioma que hable— hace sólo
propaganda, y de la más decadente. Juega sobre el miedo,
sobre la confianza de las potenciales víctimas. Engaña, sin
saber a dónde le llevará la alimentación de la espiral a la que
ha dado movimiento, puesto que todas las guerras comenza-
ron para ser breves y victoriosas, mas se han convertido en
largas y devastadoras, también para los «vencedores».*

*Por otra parte, cuando los desastres ecológicos se instalan
en el propio territorio de estos proclamados vencedores de
otras guerras que ellos mismos han situado en alejados puntos del planeta, sus reacciones distan de configurarse con la
velocidad y la capacidad de cobertura que ponen de manifiesto en sus actividades bélicas fuera de sus fronteras. He aquí,
asimismo, otra prueba del engaño: el desenfreno generado
por mantener ritmos de producción y no someterse a los límites de contaminación les ha imposibilitado prever las consecuencias climatológicas, con los efectos devastadores veri-
ficados en las regiones aledañas al Golfo de México. Mas,
ciertamente, estos efectos han repercutido con significado ét-*

nico y clasista sobre poblaciones empobrecidas, discriminadas y desplazadas del triunfalismo bélico. Afortunadamente, a la luz de cuanto está aconteciendo con estas poblaciones, como con los familiares de quienes han sido sacrificados en los altares de la ignominia guerrera, las homonimias que se pretenden establecer entre los comprensibles temores por los cataclismos provocados y los pánicos por los atentados terroristas son arrastradas al terreno de las falacias con que actualmente se gobierna el mundo.

Llamémosle por su nombre a este tiempo nuestro que puede parecer un viaje en el lejano pasado de las bandas mercenarias, aquellas que teorizaban mucho a los inermes y poco a los colectivos armados. Digamos de una vez que estamos en guerra, mas no para rendirnos ante un resignado miedo, enrolándonos entre los propagandistas del Occidente herido o entre los vengadores del Sur martirizado. Admitamos la realidad de una terrible era histórica, tan diversa de la contemporaneidad en que hemos nacido y crecido, pero para practicar el más corajudo de los gestos, cual es: la deserción frente al enemigo. Y, una actitud de semejante envergadura, constituye sin duda un auténtico **Desafío**. Veamos si el mismo mantiene un valor semejante cuando estas páginas puedan leerse por quienes comparten o disienten.

Barcelona, julio de dos mil cinco.

Roberto Bergalli   *Iñaki Rivera Beiras*

CONTENIDOS

LA GUERRA-MUNDO*

Alessandro Dal Lago
(Università degli Studi di Genova)

Pocas actividades humanas son tan intensamente sociales como la guerra moderna. [...] En todo el mundo, después de 1914, todos los estados mayores han reconocido que el valor individual de los soldados es tan poco esencial como su belleza.[1]

El carácter social de la guerra

La tesis central de este ensayo es simple: la guerra es un hecho social y, por tanto, sus transformaciones tienden a reflejarse en el orden de la sociedad y en las formas de la vida social. A primera vista se trata de una de esas obviedades que suscitan la ironía de quienes no se ocupan de las ciencias sociales. No obstante, a una mirada más atenta esta tesis adquiere mayor complejidad, porque implica la interacción entre dos dimensiones usualmente consideradas contrapuestas: la «sociedad» o conjunto de relaciones que mantienen unidos a los seres humanos, y la «gue-

* Este ensayo se enmarca en las investigaciones llevadas a cabo gracias a la financiación de la DG XII de la Unión Europea (proyectos sobre «Liberty and Security in Europe» denominados *Elise* y *Challenge*). Agradezco los comentarios y sugerencias críticas de Didier Bigo, Massimiliano Guareschi, Luca Guzzetti, Alain Joxe, Salvatore Palidda, Federico Rahola y Rob J. Walker, además de a los amigos y colegas que participan en el seminario sobre «La guerra como sistema de pensamiento», organizado en el Departamento de Estudios Antropológicos de la Universidad de Génova. Publicado originalmente en italiano, en *Conflitti globali. La guerra dei mondi*. Pubblicazione semestrale, Shabe, Génova, 2005, pp. 11-31. Traducción del texto original en italiano por Marta Monclús Masó.

1. J.G. Ballard, *A User's Guide to the Millennium. Essays and Reviews*, HarperCollins, Londres, 1996, p. 13.

rra» que es la situación extrema en la que aquéllos se enfrentan hasta el punto de matarse.[2] En realidad, como trataré de mostrar aquí detenidamente, guerra y sociedad no son incompatibles. Al contrario, precisamente su implicación mutua pone de manifiesto que entre interior y exterior de la sociedad occidental, entre nuestra existencia aparentemente protegida o normal y la conflictividad del resto del mundo, no hay solución de continuidad. Esto es tanto más cierto cuanto más tienden a vincularse los conflictos existentes en las diversas partes del mundo, a sobreponerse y a influir unos sobre los otros.[3]

Hay que decir que las relaciones entre guerra y sociedad se encuentran bastante a la sombra en el ámbito de las ciencias sociales. En el siglo XX (época de máximo desarrollo de la sociología y de la antropología), pocos autores destacados se han ocupado de ello, como si la guerra fuese una excepción, una anomalía que puede ser ignorada.[4] Es cierto que existe una importante tradición de sociología de

---

2. Mientras la definición de sociedad es más o menos obvia, aun cuanto genérica, la de guerra resulta controvertida. A los fines de mi reflexión, el término guerra indica cualquier tipo de conflicto armado externo en el que estén implicados, oficialmente o de hecho, Estados o coaliciones de Estados. Véase en este sentido la voz *War* de la *Encyclopaedia Britannica*.

3. R.B.J. Walker, *Inside/Outside. International Relations as Political Theory*, Cambridge University Press, Cambridge y Nueva York, 1995. Cfr. también A. Dal Lago, *La sociologia di fronte alla globalizzazione*, en P.P. Giglioli, a cura, *Invito allo studio della sociologia*, Il Mulino, Bologna, 2005.

4. Si se prescinde de Comte y Spencer, los escritos sobre la guerra de los fundadores de la teoría social (Durkheim, Weber, Simmel, Pareto, etc.) son ocasionales y polémicos. Y esto vale para el más grande de todos, de quien más adelante damos un ejemplo: cfr. Max Weber, *Zur Politik im Weltkrieg. Schriften und Reden 1914-1918*, J.C.B. Mohr (Paul Siebeck), Tübingen, 1988. Entre los teóricos de la generación siguiente sólo Raymond Aron ha mostrado un interés orgánico por la guerra: cfr. R. Aron, *Penser la guerre. Clausewitz*, Gallimard, París 1976 e íd., *Guerra e società industriale*, Il Mulino, Bologna, 2003. Desde un punto de vista sociológico, el trabajo más importante de Aron es *Pace e guerra tra le nazioni*, Comunità, Milán, 1983, segunda ed. Transcurridos cuarenta años de su publicación original (1962), este trabajo muestra límites insuperables, no tanto por insertar la reflexión sobre la guerra en el cuadro bastante convencional de las relaciones internacionales, sino por la ausencia de un análisis en profundidad de las instituciones militares. Un intento de indagar sobre la morfología social general de los conflictos armados fue llevado a cabo en la segunda posguerra por la llamada

las profesiones y de las organizaciones militares, pero la *guerra*, como dinámica casi siempre imprevisible y factor de cambio, no encuentra más que un lugar marginal en el saber normal de la sociedad.[5] Se trata de una laguna o, si se prefiere, de una eliminación que se extiende a otros saberes como la filosofía política o la politología. En suma, cuando las palabras se refieren a las armas, el conocimiento parece detenerse. Se podrá observar que durante siglos la historia ha sido historia de guerras, si no de batallas, pero esto cambia poco el cuadro de reticencia al que aludimos. Sólo recientemente el discurso histórico ha afrontado la descripción sistemática de la guerra (o mejor dicho del combate) como situación social límite en la que están implicados seres humanos de carne y hueso.[6]

---

polemología. Cfr. G. Bouthoul, *Le guerre*, Longanesi, Milán, 1981 (la edición original es de 1951). Se trata de un designio no del todo privado de interés, aunque destinado al fracaso por sus pretensiones totalizantes.

5. Marginal, naturalmente, respecto de los conocimientos manualísticos. Si se prescinde de la literatura histórico-política (sobre el rol de la violencia y de las revoluciones en la Modernidad), el interés sociológico parece haberse dirigido sobre todo hacia la sociología de la profesión militar y de sus relaciones con la sociedad civil. Entre los títulos más significativos: S.P. Huntington, *The Soldier and the State. The Theory and Politics of Civil-Military Relations*, Harvard University Press, Cambridge (Mass.), 1957; M. Janowitz, *The Professional Soldier. A Social and Political Portrait*, The Free Press, Nueva York, 1960; Íd., *The New Military*, Norton, Nueva York, 1968; S. Andreski, *Military Organisation and Society*, University of California Press, Berkeley, 1968; D.R. Segal y H.W. Sinaiko, ed., *Life in the Rank and File*, Brasseys, Washington (DC), 1986; J. Van Doorn, *Armed Forces and Society*, Mouthon, La Haya, 1968; J. Burk, ed., *The Military in New Times*, Westview, Boulder (Co.), 1994; C. Moskos, J.A. Williams y D.R. Segal, eds., *The Postmodern Military. Armed Forces after the Cold War*, Oxford University Press, Oxford y Nueva York, 2000. Entre los intentos de indagar en clave marxista sobre las relaciones entre capitalismo y guerra, cfr. M. Shaw, ed., *War, State and Society*, MacMillan, Londres, 1984; M. Mann, *States, War and Capitalism*, Blackwell, Londres, 1988; M. Shaw, *Dialectics of War: an Essay on the Social Theory of War and Peace*, Pluto Press, Londres, 1988. En general, sobre el estado de la cuestión en la sociología militar y de la guerra, T. Caplow y P. Vennesson, *Sociologie militaire*, Armand Colin, París, 1999.

6. J. Keegan, *Il volto della battaglia*, Il Saggiatore, Milán, 2001. Tras la publicación de la edición original de esta obra (1976) se ha difundido en la historia militar la tendencia a tratar las guerras y batallas también desde una perspectiva desde abajo. Cfr., por ejemplo, M. Gilbert, *La grande storia della prima guerra mondiale*, Mondadori, Milán, 1998, donde la reconstrucción estratégica y militar está compuesta, a menudo mecánicamente, por un conjunto de testimonios de combatientes.

La definición de la guerra como hecho social remite a dos perspectivas diversas. La primera es que la guerra, al igual que cualquier otra actividad humana, como la ciencia o el arte, sólo puede ser comprendida en el marco de modelos específicos de sociedad. Cada forma de hacer la guerra refleja en sentido lato un tipo de sistema social y político. Por limitarnos a la época moderna, cualquier persona comprende la diferencia entre las interminables guerras dinásticas del siglo XVIII, combatidas mediante ejércitos formados en buena parte por mercenarios, y aquellas guerras totales del siglo XX, en las que los Estados nacionales, democracias o dictaduras, han recurrido a fuerzas armadas de millones de hombres para reducir a la impotencia a los adversarios. La segunda perspectiva es menos evidente, porque se refiere al carácter *específicamente* social de toda actividad bélica. Pese a que raramente los manuales de sociología traten de la guerra, ésta es un hecho social *por excelencia*. Ya sea porque mediante la situación de muertes masivas (y lo que de ellas se deriva, luto y destrucción) pone a prueba la cohesión de las sociedades,[7] ya sea porque consiste en un conjunto de procesos socialmente complejos: movilización económica, innovación científica y tecnológica, disciplina y adiestramiento de vastas formaciones armadas, complejas prestaciones intelectuales (la estrategia y la planificación de las campañas militares), actividades de gestión articuladas (la guía y el control de ingentes maquinarias burocráticas que por definición deben afrontar la posibilidad de ser destruidas o dañadas).[8]

---

7. En realidad podríamos ver en la guerra el mismo rol de innovación social que Durkheim atribuía a los fenómenos criminales. Cfr. E. Durkheim, *Le regole del metodo sociologico - Sociologia e filosofia*, Comunità, Milán, 1963.

8. Para un análisis técnico pero sugerente de la complejidad organizativa de la maquinaria militar en situaciones de guerra, cfr. M. van Creveld, *Command in War*, Harvard University Press, Cambridge (Mass.), 1985. Aunque la mejor definición de la compleja sociabilidad de la guerra la encontramos en C. Ardant du Picq, *Etudes sur le combat*, Hachette y Dumaine, París, 1880, que puede ser considerado un equivalente en el campo militar de los estudios de Durkheim sobre la solidaridad social. Sería interesante confrontar detalladamente Ardant du Picq y Durkheim.

Pero nuestra tesis no se limita a poner de manifiesto la complejidad social de la guerra. También subraya que la guerra *transforma* la sociedad. La razón principal de esta capacidad reside en *una función propulsora autónoma* de los conflictos. Nunca ha habido una guerra que se haya adecuado a los planes de los estrategas. Y ello por un conjunto de motivos: en primer lugar, resulta difícil que los planes de una de las partes, elaborados a puerta cerrada por los estados mayores, puedan tener en cuenta las reacciones de los adversarios. En segundo lugar, toda guerra incorpora, sea al nivel de la estrategia, sea al de la táctica, los factores de inercia y aleatorios que Clausewitz llamaba *fricción* y que hoy son definidos como «niebla de la guerra» o «carácter no-lineal de los conflictos».[9] En otros términos, toda guerra es un juego del que se pueden prever como mucho las jugadas iniciales, pero muy difícilmente sus líneas de evolución. Sobre todo, la falta de previsión se traduce en una movilización de fuerzas que tienden a arrastrar a las partes en lucha hacia un proceso acumulativo de destrucción recíproca. La experiencia militar del siglo XX se puede resumir en esencia como el tránsito de conflictos teóricamente limitados a conflictos ilimitados. Cuantos más medios invierte una parte con el objeto de batir al enemigo, tanto más éste adoptará formas de lucha nuevas y totales. Esto significa involucrar fuerzas cada vez mayores y, llevado hasta el extremo, todas las energías económicas y sociales en la guerra. El ejemplo más conocido de este carácter acumulativo e innovador de los conflictos armados lo constituye sin duda la Prmera Guerra Mundial.[10]

---

9. K. von Clausewitz, *Della guerra*, Mondadori, Milán, 2004, tercera ed. Como veremos luego, la obsesión por lograr una estrategia capaz de superar los factores aleatorios se sitúa en el centro de la Revolución en los Asuntos Militares. Cfr. W. Owens, *Lifting the Fog of War*, Farrar, Straus & Giroux, Nueva York, 2000.

10. Naturalmente la implicación puede ser tan sólo de una de las partes, como en las guerras del pueblo del siglo XX (por ejemplo, la guerra de Vietnam).

En 1914 los estados mayores de las potencias que iban a enfrentarse en los campos de batalla pensaban en campañas de pocos meses, porque aún estaban vinculados a la guerra de maniobras y movimientos típica del siglo XIX.[11] La ofensiva alemana en Occidente, basada en un grandioso proyecto de cerco de las fuerzas anglo-francesas (el plan Schlieffen), en un primer momento pareció lograr su objetivo, la conquista de París que debería haber puesto fin al conflicto.[12] En cambio fracasó, sea por la incapacidad alemana de dominar un teatro tan vasto y por el agotamiento de las fuerzas durante el ataque, sea por la tenaz resistencia francesa. Lo que las potencias beligerantes no habían previsto era que la guerra, a causa de la movilización de millones de hombres y del desarrollo de armas cada vez más potentes, no iba a enfrentar ejércitos, sino *sociedades enteras*. En consecuencia, los Estados europeos se vieron involucrados en una guerra de trincheras que duró cinco años y modificó profundamente el equilibrio político del continente, poniendo las bases para un conflicto aún más devastador. La memoria de la terrible carnicería, entrelazada con la gran depresión económica, condicionó por décadas la política exterior de las potencias grandes y pequeñas. En Alemania, Italia y Japón generó un sentimiento de frustración y revancha que alimentó el nacionalismo extremo, el militarismo y finalmente el rearme de la década de 1930. En Inglaterra y Francia provocó una depresión social y política que impidió valorar exactamente el signi-

---

11. J. Keegan, *La prima guerra mondiale*, Carocci, Roma, 2002.
12. El plan Schlieffen es un caso bastante ejemplar de utopía estratégica. Schlieffen, jefe del Estado Mayor del Ejército del Reich hasta poco antes del estallido de la gran guerra, lo elaboró a partir de una compleja meditación sobre el cerco estratégico, que se inspira explícitamente en el modelo invencible de la batalla de Canae, en la que Aníbal destruyó al ejército romano. En otros términos, Schlieffen sostenía que la forma estratégica era en alguna medida independiente de las circunstancias históricas y materiales. Cfr. A. von Schlieffen, *Cannae*, en *Gesammelte Schriften*, Berlín, 1913, vol. I.

ficado del expansionismo nazi y fascista y de la agresividad japonesa.[13]

Pero el modo en que las guerras transforman la sociedad no se limita a las relaciones de fuerza entre las potencias. Las guerras modifican profundamente las formas de la vida social. En algunos países, y no sólo en los derrotados, la Prmera Guerra Mundial desencadenó nuevas formas de conflicto político que se tradujeron en revoluciones y en el ascenso de regímenes totalitarios. En otros, no fue ajena a cambios como el desarrollo industrial, la expansión del consumo para reactivar una economía empobrecida, la difusión a partir de 1920 del automóvil y de la aviación civil, los precedentes de la economía social y sistemas de gestión autoritaria del trabajo, procesos que influyeron profundamente en la vida cotidiana, familiar y laboral de cientos de millones de personas.[14] A su vez estos cambios profundos jugaron un papel decisivo en la trasformación de los aparatos militares y en el modo de hacer la guerra. En la fase de subterránea combustión internacional que caracteriza el intervalo aparentemente pacífico del *entre deux guerres* (1918-1939), la doctrina militar conoció una transformación espectacular. Obsesionados por el estallido de la guerra de trincheras, los estados mayores elaboraron estrategias basadas en las nuevas armas móviles, las fuerzas acorazadas y la aviación, capaces de atacar al enemigo a la distancia y en amplios espacios abiertos.[15] Por consiguiente, la tecnología aplicada a la guerra protagonizó un nuevo impulso.

---

13. P. Brendon, *Gli anni trenta. Il decennio che sconvolse il mondo*, Carocci, Roma, 2002.

14. P. Ariès y G. Duby, eds., *La vita privata. Il Novecento*, Laterza, Roma-Bari, 1988.

15. Básicamente el principio del dinamismo estratégico sustituyó al del enfrentamiento estático. Ya no se trataba de destruir las fuerzas adversarias en una batalla decisiva, lo que había llevado al estallido de la guerra de trincheras, sino de paralizar al enemigo con fuerzas móviles, incluso numéricamente inferiores, con el objetivo de bloquear las fuerzas adversarias y de atacar los centros neurálgicos del adversario (Cfr. B.H. Liddell Hart, *La seconda guerra mondiale. Una storia*

Ante la inminencia del segundo conflicto mundial, el conjunto del cuerpo social de las potencias grandes y pequeñas fue llamado a contribuir a un esfuerzo económico e industrial sin precedentes.[16] Esto llevó, a partir de 1939, a experimentar formas de guerra aún más totalizantes.[17] La adopción del bombardeo estratégico (con el objetivo de destruir los recursos económicos e industriales del enemigo) tuvo el efecto de implicar masivamente las poblaciones civiles de los países beligerantes (con la excepción de los Estados Unidos) y de provocar un número incalculable de víctimas. Finalmente, con el lanzamiento de las bombas

militare, Mondadori, Milán, 1998). Liddell Hart, quien es considerado el padre teórico de la guerra de movimiento, tiende a enfatizar la importancia del *Blitzkrieg*. Como mostraré luego, se trata de una clásica sobre-valoración del elemento teórico de la estrategia. En todo caso, la forma de hacer la guerra convencional elaborada en los años 1930 todavía inspira a la forma contemporánea. Se basa, además de en la movilidad de las fuerzas, en la integración del combate terrestre (fuerzas acorazadas) con el aéreo y el naval. Cfr. B.H. Liddell Hart, *L'arte della guerra nel XX secolo*, Mondadori, Milán. 1971. Respecto a la teoría del bombardeo estratégico, la obra clásica en la materia es un libro italiano: G. Douhet, *Il dominio dell'aria e altri scritti* (1932), Aeronautica militare-Ufficio storico, Roma, 2002. El mejor ensayo de conjunto sobre la evolución de la guerra en la primera mitad del siglo XX en mi opinión es M. van Creveld, *The Transformation of War*, The Free Press, Nueva York, 1991.

16. El texto fundamental en la materia es VV.AA., *Le soldat du travail. Guerre, fascisme et taylorisme*, «Recherches», n.º 32/33, 1978.

17. Cfr. E. Ludendorff, *Meine Kriegeserinnerungen (1914-1918)*, De Gruyter, Berlín, 1919 (donde se describe, en términos auto-conmemorativos, la totalización del primer conflicto mundial) y, sobre todo, íd. *Der Totale Krieg*, impreso precisamente en el Berlín de 1936, reimpresión facsímil Archiv Verlag 1986. Este último opúsculo se puede considerar el primer intento de dirigir las innovaciones militares de la Primera Guerra Mundial. Se trata de contribuciones en gran medida ideológicas, comprensibles en el marco del revanchismo y del nacionalismo alemán del período de entreguerras. Mención aparte merece la máxima expresión teórica de estos cambios, esto es, la obra de E. Jünger. Aunque también alimentadas por la experiencia de la guerra de trincheras, las contribuciones de Jünger han sabido identificar la fusión entre guerra y vida social, entre economía de paz y de guerra, fusión que se ha vuelto central en la época de las guerras totales y, bajo formas obviamente diversas, en nuestro tiempo de guerra permanente, ubicua o endémica. Cfr. Ensayos como *Der Kampf als inneres Erlebnis*, *Die Totale Mobilmachung* o *Der Weltstaat*, o bien en E. Jünger, *Sämtliche Werke*, Band 7, *Betrachtungen zur Zeit*, Klett-Cotta, Stuttgart, 1980; cfr. asimismo íd., *L'operaio. Dominio e forma*, Longanesi, Milán, 1984 y los textos ocasionales recopilados en *Scritti politici e di guerra 1919-1933*, Libreria Editrice Goriziana, Gorizia, 2003.

atómicas sobre Hiroshima y Nagasaki, la guerra convencional pareció llegar a un punto sin retorno. La paz, aun cuando resultado del miedo a destrucciones inimaginables, parecía por primera vez en la historia al alcance de la mano.

Del terror cósmico a la guerra cotidiana

Hoy sabemos que fue una ilusión. Según una tosca aunque significativa valoración, el número de víctimas causadas en el mundo entero por los conflictos posteriores a 1945 es muy superior al causado por la Prmera Guerra Mundial.[18] Incluso prescindiendo de los innumerables conflictos locales o regionales, así como de las guerras entre Israel y países árabes o de las tardías guerras coloniales (de los ingleses en Kenia, de los franceses en Indochina y Argelia), podemos decir que el enfrentamiento entre el imperio americano y el imperio soviético —o entre capitalismo y comunismo— ha sido cualquier cosa salvo pacífico o frío (Corea, Vietnam, Cuerno de África, Angola, Afganistán, entre otros).[19] Tan sólo Europa Occidental se mantu-

---

18. Cfr. R. Leger Sivard, *World Military and Social Expenditures*, World Priorities, Washington (DC), 1996, retomado en M. Renner, *State of the War. I dati sociali, economici e ambientali del fenomeno guerra nel mondo*, Edizioni Ambiente, Milán, 1999. Dichos autores estiman en veinte millones las víctimas de las guerras producidas en la segunda mitad del siglo XX. Según mi parecer, la cifra está infravalorada, porque los datos —actualizados a 1995— sólo se refieren a los mayores conflictos (Corea, Vietnam, intervención soviética en Afganistán) pero no tienen en cuenta una miríada de conflictos locales, algunos de los cuales existentes desde hace varias décadas (Angola, Eritrea, Somalia, Etiopía, Colombia) o de otros (como el producido entre Irak e Irán) sobre los que no existen datos fiables. Si a todo esto añadimos las guerras recientes (Golfo, Balcanes, Chechenia, intervención americana en Afganistán, Irak, Ruanda, Zaire, etc.) la cifra podría alcanzar los 30 millones sobre un total de 120 millones de víctimas producidas desde el inicio del siglo XX. El dato más significativo es tal vez el porcentaje de víctimas civiles. Si éste era un poco inferior al 50 % en la Prmera Guerra Mundial, ha aumentado al 80 % en los conflictos posteriores a 1945.

19. Se calcula, por ejemplo, que sólo el golpe de Estado de 1965 en Indonesia (que puede ser considerado como un episodio de la guerra fría) provocó un millón de víctimas.

vo durante la guerra fría a reparo de los efectos del conflicto armado, lo que ha llevado a los países salidos de la Segunda Guerra Mundial a proyectar, con un típico reflejo eurocéntrico, su condición pacífica sobre el resto del mundo.[20] En todo caso, la ilusión del «pacifismo» europeo terminó inmediatamente después de 1989. Primero, la latente desintegración de la federación yugoslava desembocó en una serie de conflictos armados que implicaron a los Balcanes en su totalidad. A continuación, varias coaliciones occidentales guiadas por los Estados Unidos han intervenido en diversas partes del mundo en nombre de la «legalidad internacional» (Kuwait, 1991), de la «humanidad» o de los «derechos humanos» (Somalia, 1993, Bosnia, 1995, Kosovo, 1999), de la libertad «duradera» (Afganistán, 2001), de la lucha contra el terrorismo o de la pura y simple hegemonía (Irak, 2003). El estado de guerra perdura desde hace ya quince años y, sobre todo, parece destinado a continuar por tiempo indefinido. Pero solamente tras los ataques del 11 de septiembre de 2001 amplios sectores de la opinión pública occidental se han dado cuenta de que la guerra, aunque sea con un nuevo formato, ha reaparecido en el horizonte de la vida cotidiana.

Se trata entonces de indagar si y cómo la guerra permanente a la que de hecho nos hemos habituado está cambiando nuestra vida. Un problema cuyo correcto planteamiento depende de la comprensión de la *naturaleza* de la guerra contemporánea. Es en este aspecto donde el análisis encuentra las mayores dificultades. Gran parte de los conflictos actuales escapan a la idea habitual de guerra propia del siglo XX. Basta sólo un ejemplo, irrisorio pero revelador. Cuando en febrero de 1991 resultó evidente para todos que la coalición guiada por George Bush iba a intervenir para expulsar de Kuwait a

---

20. Una ilusión en la que han caído, aunque sea por poco tiempo, observadores competentes. Cfr. M. Shaw, *The Post-military Society*, Polity Press, Londres, 1991.

las fuerzas iraquíes, en algunas ciudades italianas se difundió el pánico. Las crónicas refieren que muchas personas, sobre todo mujeres y ancianos, se precipitaron a los supermercados para hacer acopio de provisiones alimenticias. Probablemente la inminencia de la guerra evocaba, no sólo a quienes habían vivido directamente las vicisitudes bélicas cuarenta y cinco años atrás, espectros como el racionamiento, las alarmas aéreas, los bombardeos de las ciudades. Posteriormente, pese a que las «guerras» se han multiplicado, el pánico no se ha repetido. En la primavera de 1999, tras algún temor de que Serbia reaccionase a los bombardeos lanzando misiles sobre la costa adriática, las coaliciones occidentales han podido hacer sus guerras sin temer represalias directas. Durante tales conflictos la vida cotidiana de Occidente ha continuado más o menos inalterada. En el fondo, el impacto del 11 de septiembre y el miedo generalizado al terrorismo confirman la pretensión de que se puede luchar en la periferia sin que resulte involucrado el centro, es decir, *nuestro* mundo.

Obviamente, tras el 11 de septiembre de 2001 en Nueva York y el 11 de marzo de 2004 en Madrid, dicha pretensión se ha revelado frágil. Pero la presencia de la guerra en nuestras vidas no se limita al espectro del terrorismo. Antes bien, la misma produce una *movilización* que, lejos de constituir un estado de excepción, reorienta *establemente* nuestros hábitos, es decir, las formas en que se desarrolla normalmente la vida social. Algunos de estos cambios están a la vista de todos y se pueden sintetizar con la fórmula del *primado de la seguridad*: exasperación de los controles en las fronteras, en los aeropuertos y en general en los lugares de tránsito; potenciación y omnipresencia de la inteligencia; sospecha generalizada hacia los extranjeros, sobre todo si son de origen norteafricano, de Oriente Medio, árabe o «islámico» establecimiento de campos para prisioneros privados de un estatuto concreto y, por tanto, de todas las garantías (Guantánamo, campos en Irak y Afganistán, etc.).[21]

El primado de la seguridad significa en última instancia la militarización del control social, la gestión en términos *militares* (o incluso bélicos) de las «amenazas» a las sociedades occidentales que provienen del exterior (infiltraciones terroristas) o del interior (células terroristas durmientes). La militarización del control comporta principalmente dos consecuencias: la primera es que ciertas categorías de seres humanos, por ser sospechosas de connivencia con el enemigo, son despojadas de las garantías jurídicas normales sobre las que Occidente ha construido su propia representación de cuna del derecho. La *Patriot Act* promovida por Bush y elaborada por el ministro Ashcroft, la institución de los campos de detención como Guantánamo, la evidente normalidad de la tortura en la cárcel de *Abu Ghraib*, representan el establecimiento de un *régimen militar especial* reservado a los «terroristas».[22] La segunda consecuencia es la creación de un estado de acusación virtual y real de estos grupos humanos, en particular los inmigrantes, considerados proclives a acoger la propaganda de los enemigos de Occidente debido a su «naturaleza» social irregular. En este sentido, los centros

---

21. La enumeración se podría extender a redes de vigilancia electrónica como el conocido sistema *Echelon* y a todos los acuerdos de cooperación en materia de inteligencia, prevención y control estipulados a varios niveles por los Estados occidentales. Cfr. D. Campbell, *Il mondo sotto sorveglianza. Echelon e lo spionaggio elettronico globale*, Eleuthera, Milán, 2002.

22. Como se especificará más adelante, el hecho de que se trate de «enemigos de la civilización» comporta que no se les apliquen ni siquiera las convenciones, de por sí bastante aleatorias, del derecho de guerra. Pero esto no significa, como a menudo se señala, que las medidas adoptadas por el gobierno americano (y no sólo por éste) sean «ilegales». Son más bien procedimientos formalmente legales con los que la «guerra contra el terrorismo» es sustraída del control de la ley ordinaria. Es una aparente paradoja que tiene célebres precedentes, como el régimen especial establecido por el Estado alemán frente a los judíos (cfr. E. Fraenkel, *Il doppio stato*, Einaudi, Torino, 1983). Para una discusión sobre el impacto de las medidas excepcionales en los Estados Unidos actuales, cfr. R.C. Leone y G. Anrig, Jr., eds., *The War on our Freedoms. Civil Liberties in an Age of Terrorism*, Public Affairs, Nueva York, 2003.

de internamiento (extendidos ya por todo el mundo) para extranjeros ilegales o «clandestinos», no son formalmente distintos de las cárceles militares especiales, por cuanto están reservados a sujetos privados de toda legitimidad social. También se puede señalar que en la actualidad el principio de enemistad (sobre el que se basa la militarización del control) tiende a aplicarse a cualquier amenaza del orden constituido (y, bajo determinadas circunstancias, incluso a la oposición interna de occidente).[23]

Por el contrario, otros cambios menos evidentes pero probablemente capaces de provocar efectos imprevisibles se pueden resumir en la fórmula del *primado de la decisión armada*. A partir de 1999, cuando la guerra contra Serbia fue llevada a cabo por la OTAN sin la autorización de la ONU, se ha afirmado el principio de ingerencia militar de Occidente en todo el mundo. La justificación o legitimación de esta actividad de policía global[24] apela a la amenaza del terrorismo y de quienes los ampararían (los llamados *rogue states*, en primer lugar), pero es básicamente autorreferencial. Asumiendo que únicamente Occidente ejerce el derecho en las relaciones internas e internacionales (esto es, que goza de una situación jurídica ideal), y dispone de los medios para hacerlo respetar, se ponen de hecho las bases para la creación de un poder militar global legitimado por las circunstancias.[25] Circunstancias por otra parte duraderas, por cuanto se considera que toda oposición armada

---

23. Por ejemplo se ha vuelto normal decir, tanto por parte de la derecha como de la izquierda, que el comportamiento violento en una manifestación es el primer paso hacia del terrorismo. Las crónicas italianas recogen innumerables intentos de vincular (por parte de jueces instructores e incluso de magistrados) la «subversión social» con el «terrorismo islámico».

24. A. Dal Lago, *Polizia globale. Guerra e conflitti dopo l'11 settembre*, Ombre Corte, Verona 2003.

25. La noción de Occidente, en este contexto, es absolutamente convencional. La misma engloba obviamente EE.UU., Europa y todos sus aliados en cualquier parte del mundo. Veremos como, aunque sea variable, la noción de Occidente coincide con la de civilización occidental, en el sentido de S.P. Huntington, *Lo scontro delle civiltà e il nuovo ordine mondiale*, Garzanti, Milán, 1997.

frente a su ejercicio incurre en la figura del terrorismo. No es otro el significado del eslogan *Enduring Freedom* o de las declaraciones de Bush según las cuales la lucha contra el terrorismo podría durar «generaciones enteras».[26] Por tanto, la guerra frente al terrorismo no reposa sobre una legitimación convencional, sino más bien sobre un poder de hecho o capacidad de intervención que naturalmente puede ser justificado con la apelación a la superioridad cultural (económica, social y también militar) de la «civilización occidental».[27] En este sentido, el poder de intervención, esto es, la guerra, asume una función *constituyente* y, por tanto, capaz de reconfigurar las relaciones globales de poder.[28]

Decir que la guerra asume hoy un poder o rol constituyente significa, por eso mismo, que es fuente de nuevas relaciones sociales y políticas. Para empezar, junto a las instancias políticas nacionales e internacionales, se desarrollan poderes de hecho nuevos o, si bien existentes desde hace tiempo, capaces de transmutar sus funciones y ámbitos de intervención. Entre los primeros se incluyen

---

26. La expresión *Enduring Freedom* normalmente es traducida como *Libertad Duradera*. No obstante, dado que el verbo *to endure* significa, además de durar, soportar, podríamos también traducir el eslogan como «soportar la libertad». En definitiva, según Bush, la guerra duradera es el precio a pagar por la libertad.

27. Según la teoría social clásica, la legitimación de un ordenamiento es la justificación de su derecho a estar vigente. La legitimación puede así reposar en la tradición, en el carisma y en los procedimientos jurídicos. En el caso del poder constituyente global, la legitimación se basa en la fuerza militar, aunque sea justificada por intelectuales y comentaristas globales en términos de mayor civilización.

28. En estos años un buen número de libros «revanchistas» han reafirmado la intrínseca superioridad de Occidente sobre cualquier otro tipo de cultura, pasada o presente. En este sentido son emblemáticos, V. Hanson, *Massacri e cultura*, Garzanti, Milán, 2002 (que atribuye la superioridad militar occidental al racionalismo, desde Maratón a la guerra del Golfo) y D.S. Landes, *La ricchezza e la povertà delle nazioni. Perché alcune sono così ricche e altre così povere*, Garzanti, Milán, 2001 (segunda ed.), para quien «nuestra» superioridad económica es más bien una cuestión de libertad de iniciativa. Para una crítica de este imperialismo retrospectivo resulta indispensable E. Said, *Cultura e imperialismo. Letteratura e consenso nel progetto coloniale dell'occidente*, Gamberetti editore, Roma 1998. En un sentido análogo, aunque mucho menos explícita, encontramos la postura de A. Sen, «Democracy and its Global Roots», *The New Republic*, 6 de octubre de 2003.

las alianzas *ad hoc* que han combatido en las guerras de Afganistán e Irak y que se erigen de hecho como el brazo armado de la «legalidad internacional», con o sin mandato de la ONU, así como la proyectada fuerza europea de intervención rápida, cuyo radio de acción ciertamente no se limita a Europa. Entre los segundos podemos citar a la OTAN, que en 1999 intervino en Kosovo. En ambos casos estas estructuras militares, sean ocasionales o estables, tienden a promover o imponer nuevas formas de organización política y económica en los países donde intervienen. Considérese la presencia militar en Afganistán, el protectorado militar de la OTAN en los Balcanes meridionales (Bosnia, Kosovo y, en sentido lato, Macedonia y Albania) o la coalición que está gestionando la ocupación de Irak. Esta última está compuesta por las fuerzas armadas de los dos Estados que abatieron al ejército iraquí en el 2003 y por contingentes militares de diversos países europeos, asiáticos y sudamericanos con deberes de policía militar. En realidad, estas fuerzas no son más que la vanguardia armada de una estructura de ocupación que comprende un gran número de fuerzas privadas de seguridad,[29] de empresas (la mayoría americanas) con tareas de reconstrucción de las infraestructuras y del sistema económico, y de agencias públicas o semipúblicas occidentales (servicios secretos, expertos en seguridad, ONG, etc.) que gestionan los aparatos civiles, desde los sistemas educativos a los bienes culturales. Se trata por consiguiente de una ocupación

---

29. Como veremos, la transferencia a empresas privadas de actividades no sólo de apoyo (logística, aprovisionamiento, policía, seguridad, etc.) sino también de combate es uno de los aspectos más innovadores de la guerra contemporánea. Cfr. N.D. Schwartz, «The War Business», *Fortune*, 3 de marzo de 2003. Según I. Traynor, «The Privatisation of War», *The Guardian*, 10 de diciembre de 2003, la relación entre soldados privados y fuerzas armadas regulares en Irak es de aproximadamente 1 a 10 (mientras que en la época de la guerra del Golfo, en 1991, era de 1 a 100). P. Singer, *Corporate Warriors. The Rise of Privatized Military Industry*, Cornell University Press, Ithaca, 2003, confirma esta valoración y estima en cerca de 100 millones de dólares el monto anual de negocios de este sector. Cfr. también M. d'Eramo, «Privatizzazioni da combattimento», *Il Manifesto*, 6 de abril de 2004.

política, económica y administrativa cuya única fuente de legitimación se encuentra en la victoria militar de 2003.

¿Recomenzar desde Clausewitz?

Así pues, este ensayo ve en la guerra un fenómeno capaz de transformar la sociedad en direcciones en gran medida innovadoras. Podríamos expresar la misma idea definiendo la guerra contemporánea como un «sistema social de pensamiento». Esta expresión está inspirada en la obra de Michel Foucault e indica una formación conceptual que, sin ser necesariamente orgánica, explicitada o representada por tradiciones oficiales o canónicas como la filosofía, no obstante es capaz de orientar el modo de pensar teórico y práctico de una época determinada. Foucault ha arrojado luz sobre sistemas de pensamiento como las representaciones científicas menores a caballo entre la Ilustración, la imagen de la locura en la época clásica, lo carcelario y la disciplina moderna, la «voluntad de saber» en la cultura contemporánea de la sexualidad. En particular, ha identificado la esencia del pensamiento bélico moderno en el «racismo de Estado», idea ésta extremadamente fecunda, aunque la guerra en Foucault todavía esté limitada a los Estados nacionales y a sociedades concretas, y no se extienda a las dimensiones transestatales y transnacionales que hoy engloba la etiqueta —sin duda desgastada— de globalización.[30]

Foucault ha insistido en la necesidad de invertir el sentido de la máxima de Clausewitz, según la cual «la guerra es la continuación de la política por otros medios».[31] Para

---

30. M. Foucault, «*Bisogna difendere la società*», Feltrinelli, Milán, 1998.

31. Es tan famosa que parece casi innecesario indicar la cita de la afirmación de Clausewitz (cfr. K. von Clausewitz, *Della guerra*, cit. p. 38). No obstante, es sintomático que el conocimiento de este texto fundamental, el único que merece la definición de teoría general de la guerra occidental, se detenga en dicha máxima como mucho,

él, en cambio, *la política es la continuación de la guerra por otros medios* (como en cierto sentido lo era para Carl Schmitt). Para Foucault lo «político» era el disfraz de una guerra civil fundamental entre grupos sociales, básicamente entre la clase dominante y un cuerpo social constitutivamente rebelde. En mi opinión se trata de una posición que malinterpreta las palabras de Clausewitz, quien por política entendía *la política exterior*, esto es, las relaciones entre Estados soberanos, pero también un *común entendimiento feliz y productivo.*[32] De hecho, hoy más que ayer, es imposible postular una neta separación entre política interna y exterior. Y ello no por el debilitamiento de los Estados nacionales, que habrían cedido cuotas de soberanía a instancias globales, sino exactamente por el motivo contrario: la reorganización de los Estados nacionales en constelaciones o coaliciones —más o menos variables— que actúan en un escenario global por motivos hegemónicos. En otras palabras, se podría volver a traducir la versión (libre) que Foucault realizó de la máxima de Clausewitz con la siguiente proposición: *la política global es la continuación de la guerra global por otros medios.* Con esto básicamente se pone de manifiesto la existencia de una dimensión *continua*, aunque obviamente articulada, entre guerra y política global.[33]

---

y en cambio no preste atención a la otra fundamental noción de la guerra como juego, azar o estrategia no lineal. Este segundo punto alimenta un difuso debate que desemboca en las teorizaciones con mayor porvenir. Cfr. D.S. Alberts y T.J. Czerwinski, eds., *Complexity, Global Politics and National Security*, National Defense University, Washington (D.C.), 1998. Cfr. también L.P. Beckerman, *The Non-linear Dynamics of War* (1999), disponible en la Web de estudios estratégicos www.belisarius.com.

32. Cfr. A. Pandolfi, «Foucault e la guerra», *Filosofia politica*, vol. 16, n.º 3, 2002. Véase sobre todo en este número la contribución de Massimiliano Guareschi.

33. Para Foucault la guerra es esencialmente *regulativa*, lo que comporta el tránsito en sentido restringido del gobierno a la gobernabilidad, donde la guerra pierde todo carácter de excepcionalidad. Cfr. M. Foucault, *Sécurité, Territoire, population. Cours au Collège de France. 1977-1978*, Gallimard, Seuil, París, 2004; y *Naissance de la biopolitique. Cours au Collège de France. 1978-1979*, Gallimard, Seuil, París, 2004. Sobre la idea de violencia regulativa véase S. Kurtenbach y P. Lock, eds., *Kriege als [Über]Lebenswelten. Schattenglobalisierung, Kriegsökonomien und Inseln der Zivilität*, Dietz, Bonn, 2004.

La intuición de Foucault en definitiva permite liberarnos de la opinión del sentido común según la cual la guerra constituiría una anomalía, la desviación del recto camino de la humanidad, la emergencia de una irracionalidad anti-progresiva, el desencadenamiento de pulsiones arcaicas, entre otras cosas.[34] Ciertamente hay algo de verdad en estos juicios, al menos si nos colocamos en el nivel del individuo que lucha y de los horrores en los que participa. Pero las cosas aparecen del todo diversas cuando el análisis incluye los mecanismos y sistemas militares en sus relaciones orgánicas con la política y la economía global. Aquí la guerra se muestra más bien como *la otra cara* de la política global, un sistema de opciones no alternativo, pero del todo complementario, a los sistemas de gobierno pacífico. Desde el fin de la guerra fría la violencia militar, la imposición de alternativas políticas por la fuerza de las armas, se ha convertido en un recurso continuado, normal, cotidiano en un cuadro político en evolución. Guerras, por tanto, en diversa medida *políticas* y dirigidas a objetivos heterogéneos, no siempre evidentes o del todo comprensibles en el marco de las aparentes racionalidades que las deberían motivar o justificar. Guerras para el control de los recursos, para la liquidación de resistencias locales (piénsese en el estado de guerra permanente en Palestina), para la redefinición de las zonas de influencia o por todos estos motivos juntos. Que algunas de estas guerras no hayan sido declaradas, y en algunos casos ni siquiera consideradas como tales, indica simplemente que el estado de guerra actualmente es *ubicuo*.[35]

Entendámonos, no se trata de una novedad. Más bien, el hecho de que hoy la escala de los conflictos en cualquier

---

34. Se trata de una mitología a la que el psicoanálisis ha contribuido ampliamente. Cfr. D. Pick, *La guerra nella cultura contemporanea*, Laterza, Roma-Bari, 1994.

35. Y en este sentido es objeto de teorías que pueden aplicarse indistintamente a hechos complejos, como la economía o las catástrofes naturales. Cfr. M. Buchanan, *Ubiquità. Dai terremoti al crollo dei mercati, dai trend della moda alle crisi militari: la nuova legge universale del cambiamento*, Mondadori, Milán.

parte de la Tierra sea global (es decir, que en general todo conflicto local tenga efectos *en todo el mundo*), ha rasgado el velo de la ideología occidental que había marginado el rol de la guerra en la afirmación de la cultura euro-americana: ideología liberal, economicista, democrática, según la cual el éxito de los «valores» de Occidente —bienestar económico, libertad política, gobierno representativo, desarrollo científico y tecnológico— sería el fruto de una intrínseca capacidad superior, y no en cambio el resultado de un estado de guerra que ha dejado tras de sí, en el curso de un par de siglos, cientos de millones de cadáveres. Ideología explícita, aunque más a menudo implícita, basada en la particular eliminación de una división exasperada del trabajo intelectual. Cancelación de la guerra y de su normalidad en las ciencias sociales y en la teoría económica y política, afasia filosófica, reducción de la guerra en el discurso histórico a variante del «juego» político-diplomático: procesos de anulación que culminan precisamente en la bizarra idea de la patología, como si la guerra fuese una enfermedad de Occidente y no en cambio su condición fisiológica. Sería interesante, siguiendo las huellas de Foucault y Warburg, realizar una arqueología o una genealogía *de la ausencia de guerra* en la auto-edificación del pensamiento occidental. Sería un trabajo fatigoso, pero no imposible, si se limitase sólo a la contradicción existente en el discurso filosófico entre desinterés y ocasionales pulsiones guerreras, algo que entre reticencias y furores homicidas nos lleva hasta los mismos orígenes de la narración occidental.[36] No bastan las ocasionales intuiciones de un Maquiavelo o de un Schmitt, los fallidos proyectos pacifistas de Kant, los

---

36. Los historiadores de la guerra antigua muestran que pese a la ubicuidad de la guerra en la Grecia clásica, en la filosofía griega tan sólo se encuentran algunas reflexiones ocasionales sobre la misma. Cfr. Y. Garlan, *Guerra e società nel mondo antico*, Il Mulino, Bologna, 1987. Cfr. también S. Villatte, *Les philosophes devant la guerre*, en P. Brun, ed., *Guerres et societés dans les mondes grecs (490-322)*, Editions du temps, París, 1999.

rayos de Nietzsche —e incluso las brillantes fabulaciones históricas de Foucault o Deleuze— para absolver a la tradición filosófica de la sospecha de una connivencia generalizada, de un silencio-asentimiento sobre la guerra.[37]

Las maravillas de la inteligencia

Decir que en la actualidad la guerra asume una mayor función *constituyente*, si bien implícita o encubierta, significa reconocer no sólo que los proyectos político-sociales y los proyectos militares son perfectamente complementarios, sino que incluso los segundos determinan el ritmo de los primeros. Y no me refiero únicamente a las tecnologías que se han vuelto absolutamente ordinarias en nuestra vida cotidiana (asumidas además como símbolo de un desarrollo pacífico y hasta de la libertad de comunicar) y que tienen un origen militar, como Internet. Basta observar que en la sociedad de mercado hoy triunfante, donde la intervención de la mano pública es considerada escandalosa, sobrevive e incluso prospera el más extraordinario aparato de bienestar militar que la historia haya conocido. Si Roma, con una treintena de legiones activas en el momento de máximo desarrollo,[38] era considerado el imperio más mi-

---

37. Cfr. A. Dal Lago, «Qualcosa di impensato. Note sulle relazioni tra filosfia e guerra», *aut aut*, (septiembre-diciembre) 2004.

38. En el apogeo del imperio romano, a fines del siglo I d.C., el número total de legionarios que defendían los confines de un territorio, el cual se extendía desde Escocia por el norte hasta Persia por el sur-este, no superaba los 180.000 hombres (C.M. Wells, *L'impero romano*, Il Mulino, Bologna, 1992, segunda ed.). Como sabemos por Procopio, las armadas bizantinas de Justiniano, uno de los emperadores más militaristas, raramente superaban los 15-20.000 hombres (Cfr. L. Bréhier, *Le monde byzantine*, vol. II, *Les institutions de l'Empire byzantine*, París, 1949 y ed. sucesivas). Hasta la época de las armadas napoleónicas, pese a una inacabable secuencia de conflictos, los ejércitos europeos modernos difícilmente superaban la dimensión considerada óptima de 30-40.000 hombres (J. Keegan, *La grande storia della guerra*, Mondadori, Milán, 1997). Es cierto que las dimensiones de los ejércitos no son conmensurables. No obstante, incluso prescindiendo de las dos guerras

litarizado de la antigüedad, y la Prusia de Federico II, con un ejército de algunas decenas de miles de hombres, un verdadero y propio Estado-cuartel, ¿qué deberíamos decir de los Estados Unidos contemporáneos, que tienen a sueldo del *Department of Defense* más de dos millones de hombres, sin contar los reservistas, la guardia nacional y los otros millones que trabajan para el aparato civil del complejo militar-industrial? ¿Y qué decir, además de los mercenarios, de los otros millones de portadores de armas con fines civiles, como policías de todo tipo u oficiales de aduana hoy enrolados en la guerra sin fin contra el terrorismo?

El sistema militar, aparentemente silencioso o congelado en tiempos de paz, y desplegado y más o menos triunfante en los de guerra, parecía una especie de implícito mal necesario hasta que, después de 1989, las convenciones intelectuales, políticas y jurídicas han comenzado a resquebrajarse, revelando en el mundo un único gran campo de batalla. Naturalmente se trata de un escenario marcial profundamente nuevo, totalmente adecuado a las direcciones que en las últimas décadas han tomado la economía y la ciencia. Para empezar, los primeros años de la década de 1990 han sido testigos del éxito de la utopía tecnocrática en el campo estratégico, conocida como RMA o Revolución en las cuestiones militares. Para comprender su significado es necesario recordar que la historia militar de Occidente se caracteriza convencionalmente por cambios a los que se da el nombre de «revoluciones».[39] Para limitarnos a la época moderna, han sido considerados como tales la difusión a gran escala de las armas de fuego (siglos

---

mundiales, el siglo XX ha presenciado una increíble expansión de los aparatos militares. La coalición anti-iraquí de 1991 estaba formada por casi 700.000 hombres, de los cuales dos tercios eran no combatientes.

39. Para una síntesis del problema R.A. Preston y S.F. Wise, *Storia sociale della guerra*, Mondadori, Milán, 1973 y R. Hale, *Guerra e società nell'Europa del Rinascimento (1450-1620)*, Laterza, Roma-Bari, 1987; la autoridad en el tema es G. Parker, *La rivoluzione militare. Le innovazioni militari e il sorgere dell'occidente*, Il Mulino, Bologna, 1999, segunda ed.

XVI y XVII), la introducción de los ejércitos de leva (entre los siglos XVIII y XIX), la ya mencionada adopción de fuerzas acorazadas y de aviación estratégica (primera mitad del siglo XX). La RMA marcaría un cambio ulterior, el más radical de todos, por cuanto capaz no sólo de asumir el mundo como campo de aplicación, sino también y sobre todo de provocar, en línea de principio, la progresiva reducción, si no la desaparición, del elemento humano combatiente.[40] El núcleo estratégico de la RMA está básicamente constituido por el empleo de las nuevas tecnologías (informáticas, comunicativas, robóticas) en sectores militares donde el elemento humano siempre había sido preponderante: recogida de información sobre el terreno y combate. Aquí los soldados de carne y hueso serían sustituidos de forma progresiva, aunque no totalmente, por la automatización de los sistemas de información (*infowar*) y por el empleo preponderante de la guerra aérea y de misiles para neutralizar las fuerzas armadas enemigas.[41]

En cierto sentido, el segundo conflicto del Golfo de 1991[42] representa la transición entre la guerra de tipo decimonónico y la RMA. Aunque los sistemas de comunicación y de defensa aérea (así como las defensas terrestres de los iraquíes) ya habían sido completamente neutralizados por parte de los aliados, se confió a las fuerzas terrestres (acorazadas y de infantería) la tarea de «completar el trabajo» y de «limpiar» Kuwait de las tropas de Saddam Hussein. En todo caso, la extraordinaria disparidad en el cómputo de las pérdidas (poco más de 300 entre los aliados, varias decenas de miles entre los iraquíes) suscitó la ilusión de que la incomparable preponderancia

---

40. M. O'Hanlon, *Technological Change and the Future of Warfare*, The Brookings Institution, Washington (D.C.), 2000.

41. Véase M. de Landa, *La guerra nell'era delle macchine intelligenti*, Feltrinelli, Milán, 1996. Cfr. asimismo C.H. Gray, *Postmodern War. The new Politics of Conflict*, Routledge, Londres, 1997.

42. Convencionalmente se considera como primer conflicto del Golfo el que tuvo lugar entre Irak e Irán (1979-1988).

occidental en términos de tecnologías informáticas, aéreas y de misiles convirtiera definitivamente en algo residual la guerra terrestre. Esta última, basada en la integración entre fuerzas acorazadas y aviación táctica (cañoneros voladores, helicópteros de ataque), se habría convertido en una especie de formalidad. Es justo tras la guerra del Golfo que nace la ideología de la guerra con «pérdidas cero» (occidentales), junto a la propaganda sobre la capacidad de misiles y bombas «inteligentes» de causar tan sólo unas pocas víctimas («daños colaterales») entre la población civil (guerra con «coste humano cero»). El apogeo de la RMA (una combinación de utopía y propaganda) se produce en la guerra de Kosovo de 1999, donde por primera vez en la historia el ataque de la coalición OTAN no comportó ni siquiera una baja entre los atacantes y pocos centenares (en realidad, algunos miles) de víctimas, sobre todo civiles, entre los serbio-yugoslavos.

Nace además en este período la teoría de la guerra «asimétrica». Entre los teóricos más visionarios de la parte americana comienza a circular la idea de que la respuesta del enemigo ante la invencibilidad occidental es el abandono de la guerra convencional y también de la guerrilla tradicional (cuyo modelo puede ser considerado la guerra del pueblo teorizada y practicada entre los años de 1950 y 1970 por el general vietnamita Giap), por ser demasiado costosa en términos humanos. La respuesta asimétrica consistiría sobre todo en formas de guerra reticular (*netwar*), en las que pequeñas células terroristas, autónomas y carentes de una estructura centralizada, intentan atacar los centros neurálgicos de Occidente y de los EE.UU., según la conocida regla estratégica del «enjambre» (*swarming*) que se mueve por separado para atacar conjuntamente.[43] No hay duda

---

43. J. Arquilla y D. Ronfeldt, *Swarming and the Future of Conflict*, Rand, Santa Monica, 2000. Cfr. también J.A. Edwards, *Swarming on the Battlefield. Past, Present and Future*, Rand, Santa Mónica, 2000. El carácter hiperteórico y en algún modo utópico de estas teorías se refleja en el hecho que el «enjambre» sea considerada

que desde el principio los estrategas americanos han tenido en mente el modelo Al Qaeda, al que conocían muy bien debido a que los EE.UU. participaron —directamente o no— en la financiación de las empresas de Osama Bin Laden en la época de la guerrilla contra los rusos en Afganistán.[44] El principio de fondo es que frente a la guerrilla terrorista se debe responder con una contra-guerrilla *basada en los mismos principios estratégicos*.[45] La primera respuesta al 11 de septiembre, que los analistas norteamericanos habían previsto desde hacía tiempo aun cuando obviamente no fueron capaces de localizar el ataque, es la guerra de 2002 en Afganistán, donde la RMA parece encontrar la más completa aplicación: bombardeo estratégico de los santuarios talibanes y de Al Qaeda, delegación a la Alianza del Norte del trabajo sucio (la liquidación de los talibanes a campo abierto), utilización de un enjambre de pequeñas unidades de contra-guerrilla (agentes de la CIA y británicos, *rangers*, fuerzas Delta, especialistas ingleses, etc.) contra la red de Al Qaeda en las montañas entre Afganistán y Pakistán.

La decisión americana e inglesa en marzo de 2003 de invadir Irak con una fuerza relativamente «ligera», ha sido

---

una táctica en cierta medida atemporal y que, en consecuencia, clásicos del pensamiento estratégico incluso antiguo sean utilizados en clave hipermoderna. Por otro lado, constituye un ejemplo más del carácter bastante autorreferencial del discurso estratégico. De todas formas, es cierto que junto a las teorías de la «gran estrategia» existe en la tradición incluso más antigua una notable producción en materia de «pequeñas guerras», guerras de frontera, guerras antiinsurreccional, etc., como mínimo a partir del pensamiento militar bizantino, el cual debió hacer frente a combatientes irregulares o no convencionales como los turcos, pechenegos, árabes etc. Cfr. el *Strategikon* del Emperador Mauricio y la *Taktika* de León VI el sabio. Amplios retazos de estos tratados, actualmente de moda en los EE.UU., se encuentran en G. Chaliand, ed., *Anthologie mondiale de la stratégie. Des origines au nucléaire*, Laffont, París, 1990. Otros ejemplos en U. Albini y V.U. Maltese, eds., *Bisanzio nella sua letteratura*, Garzanti, Milán, 2004, segunda ed.

44. Cfr. J. Burke, *Al Quaeda. La vera storia*, Feltrinelli, Milán, 2004.

45. La literatura en este sentido es amplísima. Para una síntesis reciente, cfr. B. Berkowitz, *The new Face of War. How War will be fought in the 21st Century*, Simon & Schuster, Nueva York, 2003. La idea de que la guerra evoluciona necesariamente en tal sentido es muy controvertida. Para un punto de vista tradicionalista, cfr. C.S. Gray, *Modern Strategy*, Oxford University Press, Oxford y Nueva York, 1999.

fruto no sólo del apresuramiento y de valoraciones estratégicas erróneas (nadie había previsto la reacción de los iraquíes de no sacrificar sus propias tropas en combates terrestres con un resultado evidente y de reservarse para combatir tras la «victoria»), sino también de un exceso de confianza en el nuevo modo de hacer la guerra. Convencidos de que la victoria de 1991 y el embargo, junto al habitual y devastador ataque aéreo, habrían anulado toda posible resistencia, los americanos y los ingleses se embarcaron en una empresa que inmediatamente se reveló infinitamente más difícil.[46] Llegados a este punto resulta indispensable medir las desviaciones entre estrategias teóricas y aplicaciones prácticas. Desviaciones que dependen también de los conflictos ya sea entre consejeros civiles (fundamentales en el sistema de toma de decisiones americano) y jerarquías militares, ya sea, dentro de estas últimas, entre diversas escuelas estratégicas. En términos generales las jerarquías militares se muestran cautas para adherir a las concepciones estratégicas más avanzadas y se mantienen vinculadas a una cultura militar tradicionalista. Aquí se pueden señalar al menos dos conflictos relevantes: el primero en la época de la guerra aérea de Kosovo que desembocó en el cese del general Wesley Clark,[47] quien consideraba indispensable una intervención terrestre en Kosovo; el segundo entre los jefes del estado mayor americano y el ministro de defensa Rumsfeld. Los militares consideraban —con razón— que la invasión de Irak había sido preparada de forma apresurada y que los casi trescientos mil hombres que debían participar (de los cuales sólo un tercio eran combatientes) no

---

46. Parece sorprendente que un historiador y observador del calibre de John Keegan no sólo haya justificado la guerra de Irak, sino además haya sostenido que se ha tratado de una guerra bien llevada y ganada. Cfr. J. Keegan, *The Irak War*, Hutchinson, London 2004.

47. Cfr. W. Clark, *Vincere le guerre moderne. Irak, terrorismo e l'impero americano*, Bompiani, Milano 2004.

eran suficientes para mantener el orden tras la eventual toma de Bagdad.[48] Todo esto muestra que la RMA es sólo un horizonte teórico, y además controvertido, del cual no debemos extraer ninguna conclusión sobre la evolución de la guerra contemporánea a largo plazo.[49]

La forma actual de hacer la guerra parece abierta a un abanico de posibilidades en gran parte políticas, a menudo contradictorias entre ellas y ampliamente contingentes. Esto significa admitir que no existe una radical solución de continuidad entre opciones de paz y de guerra en el sistema hegemónico americano.[50] El fracaso estratégico en Irak ha condicionado en buena medida las elecciones de noviembre de 2004 (que no han sido en absoluto un referéndum sobre la paz sino sobre el modo *óptimo* de hacer la guerra), mientras que la confirmación de Bush llevará a la realización de nuevas operaciones militares. Estas opciones no se excluyen sino que coexisten en un escenario don-

---

48. Poco antes del inicio de la guerra de Irak salía en la revista del US Army War College, la más prestigiosa institución académica del ejército americano, una drástica impugnación de la doctrina Bush-Rumsfeld: J. Record, «The Bush Doctrine and War with Irak», *Parameters. US Army War College Quarterly*, primavera 2003, pp. 4-21. El mismo autor posteriormente ha criticado duramente el desarrollo de la guerra en Irak. Cfr. J. Record, *Bounding the Global War on Terrorism*, Strategic Studies Institute, U.S. Army War College, Carlisle (PA) 2003. Este ensayo, publicado por una institución militar, ha tenido una notable repercusión en la prensa americana y ha contribuido a resquebrar la leyenda de la «misión cumplida».

49. Se tiene la impresión que la RMA es valorada a partir de las «visiones» de sus teóricos más que de un análisis de su impacto real. En este sentido es ejemplar la divulgación sensacionalista de U. Rapetto y R. di Nunzio, *Le nuove guerre. Dalla Cyberwar ai Black Bloc, dal sabotaggio mediatico a Bin Laden*, Rizzoli, Milán, 2001. Un caso análogo está constituido por la apropiación por parte de China de los «secretos» de la RMA. Hace algunos años la prensa reflejaba la preocupación en los ambientes militares americanos por la publicación de un ensayo de dos oficiales de la aviación china: Q. Liang y W. Xiangsui, *Guerra senza limiti. L'arte della guerra asimmetrica tra terrorismo e globalizzazione*, Libreria editrice goriziana, Gorizia, 2001. En realidad casi todo el material citado por los dos autores se encuentra fácilmente en Internet.

50. En el fondo el concepto de guerra preventiva (elaborado en la época de Clinton) indica el permanente estado de alerta y de guerra, el cual de este modo se convierte en una opción corriente de la política exterior. Cfr. A.B. Carter y W.J. Perry, *Preventive Defense. A new Security Strategy for America*, Brookings Institution Press, Washington (D.C.), 1999.

44

de el aparato militar está a punto en todo momento para actuar como brazo armado de la política hegemónica.

La civilidad de la guerra

La guerra ejerce una función constituyente también en un sentido más amplio, por su influencia en las estructuras globales de la cultura. Consideremos ahora la esfera de la información. Aunque aparentemente plural a escala mundial, porque está articulada en innumerables esferas locales y nacionales, la información global en realidad está influenciada por un reducido número de fuentes y de órganos, televisivos e impresos, situados bajo la órbita de Occidente y en primer lugar de los Estados Unidos. Incluso televisiones celebradas por su imparcialidad, en caso de crisis internacionales, dependen de cadenas muy cercanas al *establishment* político-militar americano, como la CNN o la Fox TV. Además, el acontecimiento del 11 de septiembre de 2001 ha provocado que casi todos los medios occidentales se hayan alineado con las posiciones del gobierno americano, en nombre del patriotismo o de la defensa de nuestra civilización. Por otro lado, debido a que la información es considerada explícitamente un elemento esencial de la estrategia militar, los medios han quedado de hecho alistados en las armadas occidentales, de forma tal que resulta imposible una cobertura independiente de las guerras.[51] En 1991, el estado mayor de la coalición prohibió la liber-

---

51. La manipulación de la información como instrumento de guerra global es teorizada en D. Arquilla y D. Ronfeldt, eds., *In Athena's Camp. Preparing for Conflict in Information Age*, Rand, Santa Monica, 1997. La guerra del Golfo es quizá el ejemplo más sensacional de *fabrication* militar antes de que las «armas de destrucción masiva» de Saddam fueran usadas como *casus belli* en el 2003. Desde la invención de los crímenes cometidos por los iraquíes en Kuwait hasta la censura sobre las operaciones militares, toda la información sobre la guerra fue manipulada por el estado mayor aliado. Cfr. J. MacArthur. *The Second Front. Censorship and Propaganda in the Gulf War*, University of California Press, Berkeley, 1992.

tad de movimiento de los enviados sobre el terreno de operaciones. En el 2003, los periodistas han sido *embedded*, es decir, puestos de uniforme y agregados a las divisiones de segunda línea. Una información alternativa o independiente es desalentada por medios destacados, expeditivos y en todo caso militares. En 1999, en Kosovo, la televisión serbia fue destruida por un ataque con misiles, mientras que en Irak varios grupos de emisoras árabes, como Al Jazeera y la televisión de Abu Dabi, han estado repetidamente en la mira de los americanos durante la toma de Bagdad.[52]

La militarización de la información no se contradice con el aparente pluralismo comunicativo que le corresponde a una sociedad de mercado global. Más bien funciona de manera intermitente en las fases de movilización y de apogeo de los conflictos. Además, se extiende a los procesos ordinarios de filtración de las noticias, atribuyéndoles una relevancia global, relegándolas o haciéndolas desaparecer en los bastidores de la oferta informativa. Incluso en ausencia de *Diktat* por parte de los militares o de los políticos, las noticias que contradicen las verdades *políticas* oficiales desaparecen, simplemente porque ninguna agencia de información está interesada en recogerlas.[53] Dada la cantidad de información teóricamente disponible, una noticia

---

52. Una excelente y documentada reflexión sobre la propaganda y las estrategias comunicativas de la guerra contemporánea se encuentra en S. Rampton y J. Stauber, *Vendere la guerra. La propaganda come arma d'inganno di massa*, Nuovi mondi media, Bologna, 2003.

53. K. Lydersen, «Us plan for Global Domination tops Project censored's Annual List», *Alternet*, 16 septiembre de 2003. Para poner un ejemplo, tómense en consideración los datos sobre las víctimas civiles y militares de la guerra de Irak. Tras un año y medio de guerra los caídos de la coalición superan los 1.200, de los cuales casi 1.000 después de «la victoria» de 2003. Se trata de una cifra oficial (Pentágono) que, sin embargo, no incluye los fallecidos con posterioridad a la evacuación de Irak ni a los mercenarios o los «encargados de la seguridad» cuantificables en torno al 10 % de las fuerzas operativas. Por consiguiente, es razonable pensar que el número de caídos de las fuerzas combatientes de la alianza haya superado las 1.500 unidades. Se trata de una cifra que, *si se convirtiese en noticia*, atraería la atención del mundo (y sobre todo de la opinión pública americana) sobre el fracaso de la gestión de la ocupación después de la fácil victoria, o pseudo-victoria, de la primavera de 2003.

es tal sólo si es sostenida *políticamente*, es decir, si es fabricada, recuperada o convalidada por las instituciones dotadas de autoridad en la escena global. El gobierno americano ha podido hacer creer al mundo que los iraquíes eran capaces de atacar Occidente con armas de destrucción masiva sólo porque, tras el 11 de septiembre, se le reconocía una especie de pretensión o derecho a la verdad.[54]

La influencia de la guerra sobre la cultura se ejerce además en planos mucho más amplios que la simple imposición de una agenda político-mediática. Si los líderes occidentales (con la excepción de los más diletantes, como Berlusconi) dan alguna muestra de cautela y tratan de no establecer una equivalencia entre terrorismo-mundo árabe o subversión global-Islam, esto no sucede en los varios niveles de sus consejeros, de los intelectuales más influyentes o simplemente de comentaristas cuyo objetivo consiste en agitar las aguas para vender artículos o libros. El ensayo de Huntington sobre el «choque de civilizaciones» —que estaba destinado a un público culto— o los panfletos oscurantistas de la Fallaci —que apuntan a un público genérico— confirman la opinión según la cual habría empezado

---

Por mucho menos, la muerte de una veintena de *rangers* en Mogadiscio durante un torpe intento de capturar dos lugartenientes de Aidid, Bill Clinton retiró las fuerzas norteamericanas de Somalia. (Cfr. M. Bowden, *Black Hawk Down*, Rizzoli, Milán, 2002 y D. Halberstam, *War in Time of Peace. Bush, Clinton and the Generals*, Scribner, Nueva York, 2001). Pero estos datos no son noticia por el simple motivo que los medios globales *no los convierten* en noticia. Estos datos se encuentran con facilidad en los sitios Web de las organizaciones pacifistas o de institutos independientes de investigación, y difícilmente saldrán de la red, donde están disponibles para cientos de miles de navegantes. No obstante, Internet no constituye un *escenario* informativo global, aunque en algunos casos (como las movilizaciones anti-G8 o pacifistas) favorece una difusión global de las informaciones. La red, en suma, puede mover sectores importantes, aunque minoritarios, de la opinión pública mundial, pero no imponer determinadas noticias en la agenda político-mediática que continúa dominada por los medios de información como las televisiones y los grandes medios impresos.

54. Aun después que la historia de las armas de Saddam se haya revelado carente de fundamento, los medios cercanos al *establishment* norteamericano tienden a absolver a Bush, es decir, al gobierno, atribuyendo la responsabilidad a los subordinados o a malos consejeros. Cfr. M. Hosenball, M. Isikoff y E. Thomas, «Cheney's long Path to War», *Newsweek*, 17 de noviembre de 2003.

una guerra entre culturas y religiones, o un ataque generalizado del terrorismo contra Occidente. No es en absoluto necesario que esta opinión sea mayoritaria (de hecho no lo es, si creemos en los sondeos de las instituciones internacionales de investigación, como el Euro-barómetro). Es suficiente con que esté legitimada, que sea difundida por los medios populares y que, por tanto, constituya el trasfondo sobre el que los gobiernos occidentales fijan las justificaciones, implícitas o explícitas, de sus estrategias.

La militarización de la cultura se traduce sobre todo en formas difusas de pensamiento (o de no-pensamiento) que no siempre requieren de expresiones explícitas. En una guerra —de cualquier tipo— el enemigo pierde toda connotación específica para convertirse exclusivamente en un blanco al cual atacar.[55] La generalización de la hostilidad implícita en las guerras contemporáneas —el terrorista remite al árabe o al islamista, el Estado canalla a toda su población, etc.— provoca que una parte relevante de la humanidad sea potencialmente un blanco y, por consiguiente, des-humanizada. Nace aquí la sustancial indiferencia con la que es tratado el destino de las poblaciones implicadas en los conflictos contemporáneos cuando estamos o nos sentimos en guerra. Poquísimas voces se han levantado para denunciar los efectos del embargo de la ONU contra Irak después de 1991 que ha causado, directa o indirectamente, la muerte por desnutrición o ausencia de cuidados de un millón y medio de personas. Así como pocos se han preocupado por las víctimas civiles de las acciones militares y de los bombardeos occidentales en Somalia, Kosovo, Serbia, Afganistán e Irak. Masacres, torturas, campos de exterminio y sufrimientos de los civiles son sólo referidos cuando acontecen al mar

---

55. No obstante, resulta fácil mostrar que esta perspectiva basada en el miedo vuelve frágil al sistema que la sostiene, actualmente los EE.UU., obligándolo a estar perpetuamente con el dedo en el gatillo. Cfr. A. Joxe, *L'impero del caos*, cit. y B. Barber, *L'impero della paura. Potenza e impotenza dell'America nel nuovo millennio*, Einaudi, Torino, 2004.

gen de las guerras occidentales.[56] Como ha sido puesto de manifiesto por Derrida, la terminología político-militar al uso degrada a los enemigos o blancos convirtiéndolos en enemigos de la humanidad —terroristas, canallas, bandidos, criminales— cuando ejercen un papel activo, o en materia inerte, animales o cosas, cuando se trata de poblaciones «otras» implicadas en nuestras guerras.[57]

La degradación del enemigo conoce diversas gradaciones. Desde la creación de categorías *ad hoc*, como la de «enemigo combatiente», con la que se define a los «terroristas» capturados en Afganistán (o en otro lugar) e internados en la base americana de Guantánamo,[58] a la pura y simple desaparición de las víctimas en las informaciones. No ha habido guerra, desde 1991 en adelante, donde los vencedores se hayan preocupado por presentar una cuantificación de las víctimas civiles. El uso de la expresión «daños colaterales» para indicar las víctimas civiles de los bombardeos expresa perfectamente la equiparación de los «otros» seres humanos con simples cosas fatalmente afectadas por la guerra. Por otra parte, este estilo es del todo coherente con la práctica militar de la «respuesta indiscriminada», de la que en realidad constituye una pura y simple extensión lingüística. Cuando una unidad combatiente occidental es atacada sobre el terreno, reacciona haciendo el vacío en torno a sí. Dado que el enemigo es siempre terrorista, se trata de destruir su hábitat civil y, por tanto, no sólo de atacar «todo aquello que se mueva», sino también la

---

56. Se trata de un estrabismo, cultural antes que moral, que me parece predominante en la literatura bastante difundida sobre los distintos tipos de genocidio, como si las «democracias» fuesen por definición inmunes a estas prácticas. Cfr., por ejemplo, S. Power, *Voci dall'inferno. L'America e l'era del genocidio*, Baldini & Castoldi Dalai Editore, Milán, 2002, donde se atribuye a los EE.UU. el deber de intervenir en cualquier parte del mundo para impedir o castigar los genocidios. En cambio, no esconde la implicación directa o indirecta de Occidente en los genocidios del siglo XX, Y. Ternon, *Lo stato criminale*, Corbaccio, Milán, 1997.

57. J. Derrida, *Stati canaglia*, Raffaello Cortina editore, Milán, 2003.

58. C. Bonini, *Guantanamo*, Einaudi, Torino, 2004.

población donde presumiblemente se oculta. La dinámica de los combates urbanos en Mogadiscio (1993), en Palestina, Chechenia y en la actualidad en Irak es fundamentalmente la misma.[59] Las fuerzas armadas regulares atacan de manera indiscriminada a los civiles, bombardeando los santuarios de terroristas o guerrilleros[60] situados en los conglomerados urbanos, y por tanto, buscando fundamentalmente «eliminar» todo apoyo, efectivo o virtual, al enemigo. En este sentido, la táctica occidental es sustancialmente *especular* a la de los terroristas, cuyo objetivo es involucrar a los civiles para movilizarlos contra los occidentales.

Como ya hemos indicado, se trata de un caso evidente de guerra *asimétrica*, que se puede definir como aquel conflicto donde una parte dotada de una fuerza aplastante trata de destruir a un enemigo infinitamente más débil que combate de manera no convencional e «incorrecta».[61] Pero la asimetría adquiere aquí un significado mucho más amplio que su dimensión militar. En general, cuando occidente combate se puede hablar de una asimetría de tipo *antropológico*. La definición militar del enemigo como bárbaro o criminal excluye todo reconocimiento de su estatus de combatiente. En consecuencia, será tratado como un mero problema *técnico*, equiparándolo a un desastre o a una plaga natural, como una epidemia.[62] Se trata en apa-

---

59. M.C. Desh, *Soldiers in Cities. Military Operations on Urban Terrain*, Strategic Studies Institute, Us Army War College, Carlisle (Pa), 2001, discute las insuperables dificultades del combate urbano mediante un ejército convencional, incluso estando dotado de las armas más sofisticadas.

60. El hecho de que los combatientes enemigos raramente sean definidos como guerrilleros da una idea de la devaluación constitutiva del adversario. Nótese que esto se traduce en un debilitamiento de las tácticas antiguerrilla, puesto que impide una real comprensión de las motivaciones, del modo de pensar y, por consiguiente, de combatir de los enemigos. Cfr. en este sentido I. Beckett, *Modern Insurgencies and Counter-Insurgencies*, Routledge, Londres y Nueva York, 1991.

61. Para esta definición, cfr. S. Metz, «Strategic Asimmetry», *Military Review*, julio-agosto 1997, n.º 4.

62. D. Tucker, «Fighting Barbarians», *Parameters. US Army War College Quarterly*, verano 1999.

riencia del modelo racista de las guerras coloniales y de conquista, cuyos ejemplos extremos están constituidos por la agresión italiana contra Etiopía en 1936 y por la invasión nazi de la URSS cn 1942. Pero hoy no es necesaria una teoría explícita sobre la inferioridad de las razas, como en los años de 1930 y 1940, para justificar la práctica de la guerra asimétrica. Dado que se asume que la única cultura (legítima) es la nuestra, los otros serán considerados carentes de cultura o portadores de culturas anormales, de monstruos culturales (como en el caso del fundamentalismo islámico). *Por tanto, la guerra asimétrica no es un combate contra hombres diferentes sino contra no-hombres.* En este sentido, el tratamiento del enemigo es racista en sentido hiperbólico, porque no asume su inferioridad racial, sino su exclusión *a priori* del género humano.[63]

Normalidad de la guerra-mundo

No es necesario leer entre líneas en sus textos para advertir que los consejeros del príncipe americano son absolutamente conscientes del carácter racista de los conflictos contemporáneos. El «derecho a hacer la guerra» hoy viene proclamado en base a la pretensión de una superioridad cultural *absoluta.*[64] La «barbarización» del enemigo permite tanto producir consenso sobre la guerra permanente en una gran parte del mundo occidental, cuanto dirigir los conflictos sin ninguna referencia a las «formas» jurídicas, a las convenciones o a los vínculos del derecho internacional. En este ámbito la única formalidad es ideológica y tiene por objeto condicionar a la opinión pública occidental, *justificando* en nombre de fines superiores (la defensa de nuestra civilización) medidas

---

63. Para una discusión de la evolución de los conflictos del siglo XX en este sentido, cfr. P. Sloterdijk, *Schäume*, Suhrkamp, Frankfurt a.M., 2004.

64. R. Kagan, *Il diritto di fare la guerra*, Mondadori, Milán, 2004.

como el internamiento de los prisioneros enemigos en campos sustraídos a todo control, el uso sistemático de la tortura y el empleo de armas de destrucción masiva.[65]

Si ésta es la realidad, es necesario reconocer que no disponemos de un aparato teórico suficiente para imaginar su evolución, y aún menos capaz de prefigurar soluciones. Un pensamiento político que parta de la centralidad de la guerra en el actual sistema-mundo no se encuentra ni siquiera en los comienzos. Por una parte, falta plena conciencia del papel que la guerra ha desarrollado y desarrolla en el ascenso de la hegemonía occidental sobre el globo, primero europea y luego americana. Por la otra, si bien resulta empíricamente fácil identificar las expresiones militares del predominio occidental tal y como se ha desarrollado en la fase posterior a 1989, permanece en la penumbra y hay confusión sobre la naturaleza *de la oposición a tal predominio*. Creo que no nos alejamos demasiado de la verdad si subrayamos que es compuesta y heterogénea, en cuanto está producida esencialmente por la lógica militar autónoma de lo que se suele definir como imperio.[66] Una lógica que se ha vuelto un lugar común definir con el término de «excepcionalismo», siguiendo las huellas del debate alemán de los años treinta sobre el «estado de excepción».[67] No obstante, en esta

---

65. Los fines superiores pueden también encontrarse, dependiendo de la ocasión, en los «derechos humanos» (cfr. A. Gambino, *L'imperialismo dei diritti umani. Caos o giustizia nella società globale*, Editori Riuniti, Roma, 2001).

66. En su libro *Moltitudini. Guerra e democrazia nel nuovo ordine imperiale* (Rizzoli, Milán, 2004), M. Hardt y T. Negri parecen avanzar la hipótesis de que a la guerra imperial se opondrá una especie de movimiento democrático global que, después de una fase de paciente acumulación de fuerzas, podrá desembocar tarde o temprano en algún tipo de insurrección general. Una tesis del género obviamente no es rebatible, por cuanto se basa en una petición filosófica de principio. Me limito a señalar que el concepto de «multitud» pasa por alto la extrema heterogeneidad (política, económica, social y militar) de quienes se oponen a las políticas imperiales. Aquí la debilidad constitutiva del movimiento antiglobal se convierte, con una estratagema teórica, en su fuerza.

67. G. Agamben, *Stato d'eccezione*, Bollati Boringhieri, Torino, 2003.

definición se esconden algunos equívocos. Según Carl Schmitt (que en este caso llevaba a sus extremos la definición weberiana del Estado como detentador del monopolio de la violencia), el estado de excepción es la medida que el *beatus possidens* del poder formalmente legítimo puede estructuralmente asumir para eliminar una situación de guerra civil *interna*.[68] Por eso no se comprende cómo tal concepto se pueda extender a una condición planetaria que *nunca*, salvo en las medio ficticias instituciones mundiales como la ONU, ha sido gobernada por un monopolio legítimo de la fuerza. *La violencia y la guerra no son derivaciones de un orden legítimo, sino condiciones de ejercicio normal del poder en la escena internacional*.[69] A lo que hoy asistimos es a un nuevo tipo de *normalidad*. No se trata de una mera cuestión terminológica, sino más simplemente de la íntima conexión entre guerra y política (y economía) en nuestro mundo globalizado.

---

68. Cfr. C. Schmitt, «Il concetto di "politico"», en *Le categorie del politico*, Il Mulino, Bologna, 1972. M. Foucault ha mostrado además que el concepto de «estado de excepción» se puede remontar a la concepción clásica (por ejemplo en G. Naudé) del golpe de Estado como medida del monarca para restablecer el orden (M. Foucault, *Sécurité, Territoire, Population. Cours au Collège de France. 1977-1978*, cit.). Es bastante curioso que de Schmitt hoy se cite mucho menos el ensayo sobre el orden internacional y la guerra, donde se avanza una especie de nostalgia por una época donde la guerra habría sido de algún modo «en forma», básicamente un juego cruento regulado por convenciones entre los antagonistas. Cfr. C. Schmitt, *Il nomos della terra nel diritto internazionale dello «jus publicum europaeum»*, Adelphi, Milán, 2003, tercera ed. La lectura de este texto (junto a otros como *Terra e mare*) indica que Schmitt ve en la supremacía de los medios el advenimiento de una guerra de destrucción a la que ya no se pueden aplicar las viejas categorías del derecho internacional. Por consiguiente, no excepcionalismo, en *este* Schmitt, sino normalidad política de la guerra global.

69. Esto se deduce fácilmente del hecho que cuando —después de haber mantenido una postura sustancialmente ambigua— Kofi Annan ha definido como «ilegal» la agresión angloamericana contra Irak, ello no ha tenido ninguna consecuencia práctica. En este sentido es más realista definir la situación global contemporánea como una condición de anarquía, donde el poder militar más fuerte (EE.UU.) trata no ya de fundar o sostener un orden legítimo, sino de explotar la situación en su provecho mediante una continua movilización militar. Para la definición de anarquía internacional, cfr. H. Bull, *The Anarchical Society. A Study of Order in World Politics*, Macmillan, Londres, 1995, segunda ed.

Mientras la economía-mundo se base en lo que Weber llamaba la «lucha económica por la existencia, atroz y carente de compasión que la fraseología burguesa designa como "pacífico trabajo de la civilización"»,[70] la guerra, en cualquiera de sus formas —tradicional o innovadora— será el sistema de conexión de la vida social global. Para nosotros que habitamos en el recinto más o menos protegido por el imperio, se trata como máximo de la inmersión en la cultura de la paranoia y de los ecos de estruendos lejanos o cercanos. Para todos los otros, enemigos reales o virtuales, se trata de la posibilidad concreta de la destrucción y de la muerte. No nos hagamos ilusiones: un movimiento de oposición global a la guerra, capaz de neutralizar la naturaleza militarista de los poderes imperiales, es poco más que una utopía. Nos corresponde a nosotros, habitantes de la constelación imperial, el deber teórico y político de empezar a deconstruir el racismo global sobre el que se ha edificado el estado de guerra actual y que identifica su proyecto cada vez de forma más explícita.

70. M. Weber, *Zur Politik im Weltkrieg. Schriften und Reden 1914-1918*, cit., p. 41.

ANTITERRORISMO, ANTICONSTITUCIONALISMO: EL CRECIENTE ASCENSO DEL AUTORITARISMO EN LOS ESTADOS UNIDOS*

Christine Harrington
(New York University)

En la película *Unconstitutional: The War on Our Civil Liberties,* su director Nonny de la Peña trata de documentar cómo son violadas las libertades civiles por las agencias y la ejecución del derecho norteamericano bajo la *Patriot Act.*[1] La película también muestra las protestas internacionales, nacionales y locales, las cuales ponen en evidencia la amplia base crítica que descubre las políticas y las prácticas llevadas a cabo desde que comenzara la así denominada «guerra al terrorismo», después del 11 de septiembre de 2001.[2] El principal objetivo de la presente colaboración es el de asumir seriamente tanto la crítica anticonstitucional como el contenido de la ley antiterrorista. Ambas juntas conforman un campo de poder en el cual los significados particularmente políticos se expresan a través de la construcción de un nuevo poder ejecutivo, mientras simultáneamente son cuestionados como anticonstitucionales. ¿Cuáles son los rasgos sociológicos de este campo de poder[3]

---

* Traducción del original en inglés por Roberto Bergalli

1. Escrita, producida y dirigida por Nonny de la Peña, junto a los productores ejecutivos Robert Greenwald, Earl Katz y Dan Raskoy y patrocinada por la American Civil Libertéis Union (Unión Americana de Libertades Civiles).

2. La crítica es enunciada como de «amplia base» para hacer referencia a la coalición de oponentes a las políticas contraterroristas del gobierno, expuestas tanto en la película como en los medios electrónicos e impresos. Ello incluye a los abogados liberales por los derechos civiles, a los conservadores libertarios, partidarios de los derechos a poseer armas y a los abogados por la medicina privada.

3. El concepto de campo de poder empleado aquí ha sido descrito por Pierre

descubiertos por este enfoque crítico? ¿Cuáles son las prácticas de «antiterrorismo» que aquí son designadas como «anticonstitucionales» y por qué?

En la película se expone un caso contra la *Patriot Act* de los Estados Unidos. En efecto, muchos de los abogados entrevistados han presentado casos desafiando las disposiciones centrales de las políticas de la administración Bush, apoyadas en el *Act*. Estos abogados alegan que el *Act* es tan amplio en su alcance que los derechos constitucionalmente protegidos pueden ser y han sido violados. Los poderes otorgados a la rama ejecutiva por la *Patriot Act* norteamericana son, en esencia, «exagerados» e indeterminados hasta el punto de fallar en distinguir entre regulación constitucional e inconstitucional. La posibilidad de que cualquier persona pueda ser retenida o «detenida», tal como la ley lo facilita, está determinada por los caprichos de sus capturas, según lo sostienen las críticas.

Las críticas asimismo presumen que la estereotipización racial es un rasgo sistemático de la política antiterrorista de los Estados Unidos, alegando que desde el 11 de septiembre un nuevo cuerpo legal para la inmigración y la política de ejecución para esta legislación han sido desarrolladas para regular, según diseño o por efecto, a los árabes, musulmanes o asiáticos del sur. El profesor Muneer Ahmeʹi manifiesta que estas reglas para la inmigración actúan en conjunto con los actos individuales de violencia física, ejecutados contra las mismas comunidades, produciendo así una señal normativa que supone «ayudar e instigar el odio violento». Las nuevas reglas para la inmigración, combinadas con la *Patriot Act*, alientan «múltiples asaltos a los cuerpos y los derechos de árabes, musulmanes y surasiáticos, produciendo asimismo una violencia psicológica, y *reracializan* las comunidades que

Bourdieu (1987), «The Force of Law: Toward a Sociology of the Juridical Field», 38 *Hastings Law Journal* 805.

ellos identifican como extranjeros de "aspecto musulmán", indignos de ser miembros del sistema nacional».[4]

Por lo tanto, brevemente dicho, la amplia base crítica de la política antiterrorista de los Estados Unidos consiste en que ella debe ser denominada como sistemáticamente «arbitraria y caprichosa». Esta denominación se hace más convincente cuando se toma en cuenta la respuesta de la administración Bush. Antes que cuestionar la crítica sobre los poderes ejecutivos de largo alcance de sus oponentes, la administración afirma de muchas maneras que tales poderes están de verdad autorizados por el *Act*. La razón sobre la cual se apoyan tan amplios poderes ejecutivos y administrativos, según la opinión de la administración, es la de maximizar la flexibilidad administrativa para aumentar la capacidad del Estado a fin de adelantarse y responder a los actos de terrorismo. La lógica implícita de este poder del Estado, si no explícita, es la de división del terrorismo. Y, en gran parte, este fin ilusorio es siempre la justificación para las prácticas y las políticas de la Administración, mientras los medios quedan subordinados. Todo esto queda aseverado por las palabras de un anterior abogado de la CIA, quien dijo que una «sociedad, en la que no nos hemos explicado todavía lo que son las reglas, simplemente... Hay apenas pocas reglas para los ilegales enemigos combatientes. Esto es el *derecho de la jungla*. Y ahora mismo nosotros somos los animales más fuertes».[5]

Si tomamos en serio la noción acerca de que la forma del derecho desencadenada por la *Patriot Act* es la propia de «la jungla», entonces puede entenderse que un orden

---

4. Muneer I. Ahmad (2004), «A Rage Shared by Law: Post-September 11 Racial Violences as Crime of Passion», 92 *California Law Review* 1.259: p. 1.263. Sobre una elaboración de la relación entre las normas de política pública y el odio violento en el caso de la violencia de género, v. Kendall Thomas (1992), «Beyond the Privacy Principle», 1992, *Columbia Law Review* 1.431.

5. Véanse los comentarios de John Radsan tal como los ha empleado Jane Mayer (2005) «Outsourcing Torture: The secret history of American's "extraordinary rendition" program», *The New Yorker,* 14 febrero, 2005, énfasis agregado.

legal no liberal está naciendo, aunque no lo admita completamente su amplia base crítica. No está en disputa el que la discreción administrativa y ejecutiva sea puesta positivamente en su lugar por la *Patriot Act*. En otras palabras, la Administración no está buscando restringir los poderes delegados en nociones convencionales y categorías de la discreción administrativa.

Mas, si los oponentes operan dentro del campo de poder posterior al 11 de septiembre, tal como si la Administración se adheriese a los límites liberales básicos de un orden legal, ellos fallarán al tratar de comprender los términos del compromiso de la Administración. Una mirada más cercana sobre el discurso legal de la jungla sugiere que este tipo de derecho no actúa desde una comprensión de que los intereses de la libertad civil deben ser «equilibrados» con los intereses de la seguridad nacional. Efectivamente, semejante concepción liberal del poder no es adecuada para comprender o criticar la forma del derecho vigente en los Estados Unidos, propia de una política antiterrorista. Retornando al discurso legal que subyace a un derecho de la jungla, quisiera exponer tres áreas en las cuales las acciones ejecutivas de la discreción administrativa actúan constituyendo un nuevo régimen legal para la «guerra global contra el terrorismo». El arsenal de las nuevas políticas administrativas incluyen: 1) la política ejecutiva de Guantánamo; 2) la «rendición extraordinaria»; y 3) la «detención indeterminada».

La política ejecutiva de Guantánamo

Los sospechosos de terrorismo son clasificados por la administración Bush como «enemigos combatientes», «ilegales enemigos combatientes» o lo que fue previamente usado como la «política para enemigos extranjeros». Esta clasificación desdibuja y confunde tanto a los ciudadanos norteamericanos como a los que no lo son. La noción de «ilegal» también se desplaza fácilmente para denominar al «inmigrante ilegal» en el ámbito de los Estados Unidos, pues las poblaciones inmigrantes han sido el objetivo de las políticas reformistas de bienestar, de los cambios en las reglas para la deportación y de las leyes que impusieron el «inglés únicamente» como el idioma oficial en ciertos estados, tales como California, en las pasadas dos décadas. El delegado asistente del abogado general de los Estados Unidos, señor John Yoo, justifica la convergencia en la que caen los ciudadanos norteamericanos y los que no lo son sobre la base de que los terroristas no tienen países. El derecho de la jungla no reconoce aquí los derechos de las personas clasificadas como un «enemigo combatiente», puesto que, como tales, ellos no están sujetos a un país, o a otra soberanía. Si un país protege a personas clasificadas como «combatientes enemigos», entonces dicho país será clasificado como instigador o inductor o soporte del «terrorismo». Los países a los que se asigna tal estatus pueden también quedar «sujetos» al derecho de la jungla. El discurso legal de la jungla destroza simultáneamente los límites entre las condiciones de ciudadano y no-ciudadano, de la misma manera que configura una nueva relación entre «libertad y seguridad» para el «nuevo orden mundial».

La rendición extraordinaria, «la Unidad especial de eliminación»

Este programa ha sido concebido como un recurso para extraditar terroristas, sospechosos de ser tales, de un país extranjero hacia otro para ser interrogados y procesados. Las críticas levantadas consisten en señalar que el propósito no expresado de tal rendición es el de someter a los sospechosos a métodos agresivos de persuasión que son ilegales en los Estados Unidos, tales como la tortura. Lo que comenzó como un programa orientado a un pequeño, discreto conjunto de sospechosos —personas contra las cuales existían órdenes de arresto extranjeras pendientes—, se convirtió en lo que la administración denomina con los términos de «ilegales combatientes enemigos», incluyendo así a una vasta y mal definida población. Muchos de estos sospechosos no han sido jamás acusados públicamente de delito alguno. La administración Bush rehúsa confirmar la existencia de dicho programa, diciendo únicamente que los Estados Unidos no entregan personas para ser torturadas. Mientras la CIA rechaza responder preguntas directas ante la Comisión Investigadora sobre Seguridad Interior, relativas a este programa, el Departamento de Estado de los Estados Unidos informa que los países que se señalan como receptores de los extraditados aplican la tortura en sus prisiones.[6] Únicamente después que las fotografías de la terriblemente brutal prisión de Abu Ghraib fueron finalmente difundidas, el Departamento de Justicia de los Estados Unidos revisó su estrecha definición de tortura, utilizando un lenguaje mediante el cual se prohibieron más enérgicamente los abusos físicos durante los interrogatorios.

La administración Bush ha luchado arduamente contra los esfuerzos legislativos para encarar la «deslocalización de la tortura» (*outsourcing of torture*), habiendo logrado bloquear dos tentativas en el Senado orientadas a prohibir a la CIA el empleo de métodos de interrogación crueles e inhumanos. Por supuesto que la Convención de Ginebra de 1949, la cual estableció normas para el tratamiento de los soldados y civiles capturados en tiempo de guerra, requiere el inmediato registro de detenidos, de modo que sus trata-

---

6. *Ibíd*. Pero conviene ver Scott Horton (2005), un experto en derecho internacional que ayudó a preparar un informe sobre rendiciones, publicado por la Escuela de Derecho de la Universidad de Nueva York y el Colegio de Abogados de la ciudad de Nueva York, quien estima que un número de 150 personas han sido trasladados de un país extranjero hacia otro, desde el año 2001, incluyendo Egipto, Siria, Arabia Saudí, Jordania y Pakistán.

mientos puedan ser controlados, pero la Administración arguye que los miembros de Al Qaeda y sus seguidores, quienes no forman parte de fuerzas militares patrocinadas por un Estado, no están protegidos por las Convenciones.

La Administración Bush se aleja de las normas internacionales (tales como las Convenciones de Ginebra, ya citadas) y específicamente de la Convención de las Naciones Unidas contra la Tortura que prohíbe los «tratamientos crueles, inhumanos y degradantes» a sospechosos de ser terroristas, lo cual no aplica en los interrogatorios de extranjeros, realizados en el exterior. Parece que el Departamento de Justicia invocará el casi nunca alegado «privilegio de secretos de Estado», en un gesto para disminuir el impacto de un juicio, arguyendo que si el caso llega a un tribunal (así lo dijo el Gobierno) pondría en peligro «los intereses de la inteligencia, la política exterior y la seguridad nacional de los Estados Unidos». Los abogados demandantes en este caso, el Centro para los Derechos Constitucionales, deben ser citados cuando dijeron: «es el colmo de la arrogancia, ellos creen que pueden hacer cualquier cosa que quieran en nombre de la guerra global contra el terrorismo».[7] Así puede constatarse cómo actúa el derecho de la jungla, mediante el secreto y la arrogancia.

Detención: detención indefinida o detención para investigación

Esta situación explica cómo quienes son clasificados como ilegales «combatientes enemigos» —personas que fueron recogidas en las «barridas» de Afganistán, viven durante 23 horas al día encerrados, incomunicados, etc. Los funcionarios del Departamento de Justicia de los Estados Unidos sostienen que la Constitución reconoce plenos poderes al

---

7. *Ibíd.*

Presidente para invalidar la Convención de las Naciones Unidas contra la Tortura, cuando deba actuar en defensa de la nación. Esta posición levanta muchos desacuerdos en todo el mundo por parte de los estudiosos, de las ONG y de gobiernos extranjeros. Por ejemplo, el Comité Internacional de la Cruz Roja ha procedido a romper una tradición al criticar igualmente la llamada detención «indefinida» y el uso de Guantánamo como un «centro de investigación», antes que como un complejo de apoyo temporal. Otras críticas han sido pronunciadas por un lord británico del Comité para el Derecho de la Cámara de los Lores, por el ministro español para Asuntos Exteriores, por el ganador de un premio Nobel, por un anterior presidente de los Estados Unidos, por diversos miembros del Congreso y de la Secretaría de Estado cuando Clinton fue presidente, y por Madeleine Albright también. Pero lo interesante es que la resistencia más encendida contra esta forma de pensar ha venido de gente que ha estado directamente involucrada en interrogatorios, incluyendo agentes veteranos del FBI y de la CIA. Sus preocupaciones son mucho más prácticas que ideológicas. Ellos también llamaron la atención acerca de que la administración Bush, habiendo llevado a muchos prisioneros fuera del terreno del derecho, podría no ser capaz de retornarlos a él manteniéndoles indefinidamente en detención, sin consejos, sin cargos de haber obrado mal, y bajo circunstancias que podrían «golpear la conciencia» de un tribunal. Hablando legalmente, la administración es la que ha puesto en riesgo sus oportunidades de condenar a cientos de sospechosos de ser terroristas, o incluso de usarlos como testigos en casi cualquier tribunal del mundo.[8]

La revisión judicial de las acciones ejecutivas y administrativas juegan un papel central, tanto en legitimar como en controlar el ejercicio del poder. Mientras yo he argu-

---

8. *Ibíd*. Ver también Diane Marie Amann (2004) «Guantánamo», 42 *Columbia Journal of Transnational Law* 263.

mentado que la administración Bush no actúa dentro de las convenciones del legalismo liberal, la revisión de sus acciones por los tribunales verifica la amplitud con que la actual Corte Suprema de los Estados Unidos, con su mayoría políticamente conservadora, permanece comprometida con dicho legalismo liberal. En dos importantes casos la Corte Suprema ha demostrado, al menos, su disposición a poner freno a alguna de las demandas del Ejecutivo por mantener poderes inherentes en el derecho de la jungla.

En *Hamdi vs. Rumsfeld* (2004), la Corte sostuvo que la autorización para el uso de la fuerza militar (AUMF), resolución adoptada por el Congreso una semana después de los ataques del 11 de septiembre, suministraron a la rama ejecutiva alguna autoridad para detener tanto ciudadanos norteamericanos como combatientes enemigos. No obstante, la Corte estableció que el individuo detenido en este caso tuvo el derecho a ser escuchado lo que, al menos, le hubiera dado una oportunidad para presentar pruebas tendentes a demostrar que él no era un combatiente enemigo. El señor Hamdi, un residente en Arabia Saudí, pasó meses en Guantánamo antes de poder persuadir a los funcionarios de que él había nacido en Louisiana y jamás había renunciado a su ciudadanía norteamericana. Sólo entonces él fue trasladado a Virginia e internado bajo una secreta custodia militar, prohibidos los contactos con cualquier otra persona que no fuera alguno de los funcionarios que le estaban interrogando.

De acuerdo con la decisión de la Corte, la «cuestión límite a la que nos enfrentamos es la de saber si cuando el Ejecutivo tiene autoridad suficiente para detener ciudadanos, alguien les puede calificar entonces como "combatientes enemigos"». Existe sin duda algún debate acerca del verdadero alcance de este término, mientras el Gobierno no ha suministrado a ningún tribunal el completo criterio que emplea para clasificar individuos como tales. Sin embargo, si ha dejado claro que, para los objetivos del caso, el «combatiente enemigo» que se está tratando de detener es un individuo que, se sostiene, fue «parte de o constituyó las fuerzas secundarias, hostiles a los Estados Unidos o a sus socios de coalición en Afganistán y quien allí se «comprometió en un conflicto armado contra los Estados Unidos». Por lo tanto, aquí se responde únicamente a la estrecha cuestión que afrontamos, cual es la de saber si la detención de ciudadanos cae dentro de aquella definición, si está autorizada en definitiva. El Gobierno sostiene que no se requiere autorización explícita alguna, puesto que el Ejecutivo posee autoridad plena para detener, con arreglo al artículo II de la Constitución. No obstante, aquí no me ocupo de saber si dicho artículo II suministra semejante autoridad, porque mantengo un acuerdo con la posición alternativa del Gobierno, en el sentido de que el Congreso ha autorizado efectivamente la detención de Hamdi, por medio de la AUMF.[9] Aunque la Corte diga que el Congreso ha autorizado clara e inequívocamente la detención en las circunstancias de Hamdi, la jueza O'Connor destacó que el «propósito para hacer algo es diferente de la cuestión de saber si se cuenta con la persona apropiada para alcanzar tal propósito».[10]

En un segundo caso de la Corte Suprema, *Rasul vs. Bush* (2004), el Tribunal consideró la cuestión de si los tribunales de los Estados Unidos poseen la jurisdicción para considerar los desafíos a la legalidad que supondría la detención de nacionales de otros países, capturados en el extranjero en conexión con hostilidades, y encarcelados en Guantánamo. La mayoría de seis miembros de la Corte (tres disi-

---

9. Según la opinión mayoritaria de la jueza Sandra Day O'Connor.

10. *Ibíd.* En marzo de 2005, un Juez Federal de Distrito en los Estados Unidos, quien fuera propuesto por Bush a la judicatura federal, aplicó la decisión de la Corte Suprema en *Hamdi* a otro caso que afectó a un ciudadano nacido en Brooklyn, de nombre José Padilla. Esta persona fue detenida por agentes del FBI en el aeropuerto O'Hare de Chicago y, en síntesis, presentada como un testigo material en Nueva York y en el orden federal, habiendo sido trasladado como incomunicado a un lugar de custodia militar en South Carolina, después de haber señalado un combatiente enemigo.

dentes) sostuvo que los tribunales de los Estados Unidos poseen efectivamente tal jurisdicción, puesto que el Ejecutivo no puede suspender el mandato (*writ*) de *habeas corpus*, según la Constitución de los Estados Unidos (Art. I, párrafo 9, cláusula 2) excepto «cuando lo puedan requerir casos de rebelión o violación de la seguridad pública». En este caso la Corte basó buena parte de su interpretación respecto al alcance del *writ* sobre un análisis histórico de la herencia del Common Law y del derecho estatutario, para encontrar su extensión sobre los no-ciudadanos de los Estados Unidos, capturados en el extranjero.

La Corte evitó una confrontación con la demanda de la Administración, en el sentido de que ésta poseía autoridad plena para detener a Hamdi, apoyándose en cambio sobre razones establecidas por ley. Lo que esto supone es que en los debates corrientes sobre la renovación de la *Patriot Act*, la voluntad política (léase, legislativa) para hacer volver a la Administración Bush a un orden legal liberal constituye un importante «cheque» y, a su vez, la Corte usará esto como una medida o una consideración límite, como ha operado en el campo del poder después del 11-S. La Administración, sin embargo, no está dispuesta a capitular ante el Congreso por su derecho de la jungla. Como lo manifiesta Yoo, el Congreso no dispone de poder como para «atar las manos del Presidente respecto a la tortura como una técnica interrogatoria». Él y otros miembros de elevado rango del Departamento de Justicia de los Estados Unidos se enfrentan por determinar si la tortura vale como técnica apropiada de interrogación; como «el núcleo de la función del Comandante en Jefe... (Congreso), no puede impedir que el presidente ordene la tortura». Si el Presidente fuera a abusar de sus poderes como Comandante en Jefe, Yoo sugiere que el único remedio constitucional existente es el juicio político (*impeachment*).[11]

---

11. *Supra.* Mayer (2005).

Por otro lado, los oponentes al derecho de la jungla en los Estados Unidos y, lo que es más importante, personas aliadas en torno al mundo, están repitiendo que estos actos «No son en nuestro nombre», lo cual ha quedado manifestado en: http://www.nion.us/Languages/NIONENES. HTM. Como:

Una declaración de conciencia

Que no se diga que en los Estados Unidos nos quedamos callados cuando el gobierno declaró una guerra sin límites e instituyó severas medidas represivas.

Los abajo firmantes instamos al pueblo estadounidense a oponerse al rumbo político en que se ha embarcado el gobierno y a las medidas que ha instituido a partir del 11 de septiembre pasado, los cuales representan un grave peligro a los pueblos del mundo.

Consideramos que los pueblos y las naciones tienen el derecho a decidir su propio destino, libre de coacción militar de las grandes potencias, y que todo detenido o acusado debe gozar de las garantías del proceso legal establecido. Consideramos que el cuestionamiento, la crítica y el disentimiento son valiosos, y hay que defenderlos, pues sólo se conquistan y se defienden por medio de la lucha.

Consideramos que las personas de conciencia debemos responder por las acciones de nuestro gobierno y sobre todo oponernos a las injusticias que comete en nuestro nombre. Instamos a todo estadounidense a OPONERSE a la injusta, inmoral e ilegítima guerra y represión que la administración Bush lanza contra el mundo. Hagamos causa común con los pueblos del mundo.

Al igual que millones de personas, nos espantamos por los terribles acontecimientos del 11 de septiembre pasado. Lloramos la muerte de miles de inocentes y nos horrorizamos ante la carnicería que nos llevó a recordar escenas de Bagdad y Panamá, y de la guerra de Vietnam. Como millones de estadounidenses, preguntamos: ¿cómo pudo suceder?

En medio del luto, el gobierno exhortó a la venganza con la consigna simplista de «los buenos contra los malos», que repitieron los loros serviles y acobardados de los medios de comunicación. Nos dijeron que el mero hecho de buscar el porqué de los terribles acontecimientos se asemejaba a la traición. Prohibieron el debate. No había lugar para el cuestionamiento político ni moral. Sólo cabía lanzar guerras contra el mundo y, en Estados Unidos, intensificar la represión.

En nuestro nombre y con el aval casi unánime del Congreso, la administración Bush atacó Afganistán y junto con sus aliados se otorgó el derecho de golpear con la fuerza militar en cualquier parte del globo. Hemos sido testigos de las salvajes repercusiones desde Filipinas hasta Palestina, donde los tanques y bulldozers israelíes han trazado un terrible sendero de muerte y destrucción. Y ahora han lanzado la guerra total contra Irak, un país sin conexión alguna a los horrores del 11 de septiembre. ¿Qué clase de mundo será si Estados Unidos tiene carta blanca para lanzar comandos, asesinos y bombas dondequiera que se le antoje?

En nuestro nombre, el gobierno ha creado dos clases de ciudadanos: a unos al menos les promete las garantías constitucionales, mientras a otros les niega los derechos más elementales. En grandes redadas arrestaron a más de mil inmigrantes y los detuvieron indefinidamente sin dar a conocer su paradero; han deportado a centenares, y centenares más permanecen en sus mazmorras, lo cual nos recuerda los infames campos de concentración donde recluyeron a japoneses-americanos en la Segunda Guerra Mundial. Por primera vez en muchas décadas, los procedimientos judiciales migratorios discriminan a ciertas nacionalidades.

En nuestro nombre, el gobierno ha creado un clima de represión. El portavoz del presidente advierte que hay que «cuidar lo que dicen». Tergiversan, atacan y suprimen las opiniones de artistas, intelectuales y profesores disidentes. La Ley Patriota y un sinfín de medidas similares brindan a la policía nuevos y amplios poderes de cateo y requisa, que supervisarán tribunales secretos.

En nuestro nombre el Poder Ejecutivo ha usurpado constantemente las funciones legislativas y judiciales. Por orden ejecutiva establecieron tribunales militares sin estrictas normas de evidencia ni el derecho de apelar ante los tribunales civiles. Con un plumazo presidencial tildan este y aquel grupo de «terrorista».

Los gobernantes hablan muy en serio de una guerra que durará una generación y de imponer un nuevo orden en el país. Nos encontramos frente a una nueva política imperial hacia el mundo y una política interna que siembra y manipula el miedo a fin de quitarnos los derechos.

Hay que reconocer que los sucesos de los últimos meses trazan una trayectoria siniestra, a la cual nos toca oponernos. La-

mentablemente, la historia demuestra que demasiadas veces la resistencia llega tarde.

El presidente Bush declara: «O están con nosotros o están en contra». Nosotros respondemos: no permitiremos que hable por el pueblo estadounidense; no entregaremos la conciencia ni el derecho a cuestionar a cambio de falsas promesas de seguridad. Decimos: ¡NO EN NUESTRO NOMBRE! No apoyaremos sus guerras; repudiaremos todas esas acciones emprendidas en nuestro nombre, pues no nos benefician. Tenderemos la mano a los pueblos del mundo que sufren como consecuencia de esas decisiones. Manifestaremos nuestra solidaridad con las palabras y los hechos.

Los abajo firmantes instamos a todo estadounidense a unirse a asumir este reto. Aplaudimos y apoyamos las protestas que han estallado a la vez que reconocemos que se necesita muchísimo más para parar esta ofensiva de guerra y represión. Retomamos el valioso ejemplo de los reservistas israelíes que, con gran costo personal, dijeron: «¡Basta ya!», y desobedecieron órdenes de ocupar Cisjordania y Gaza, así como los numerosos ejemplos de conciencia y de resistencia en la historia de Estados Unidos: las rebeliones y los abolicionistas que lucharon contra la esclavitud; los que desobedecieron órdenes de ir a Vietnam, que se opusieron a la conscripción y que se solidarizaron con la resistencia.

Los ojos del mundo están puestos en nosotros. No permitiremos que duden por nuestro silencio o falta de decisión. Alcemos la voz: nuestro compromiso es oponernos a la maquinaria de guerra y represión y movilizar a los demás a mover cielo y tierra para detenerla.

ANTI-ANTITERROR: LA CODIFICACIÓN POR COLORES Y LA BROMA DE LA «SEGURIDAD NACIONAL»*

John Brigham
(University of Massachusetts, Amherst)

Introducción

Los Estados Unidos, que nunca han sido una nación particularmente circunspecta o reflexiva, aún lo han sido menos los últimos tres años y medio. El atentado del 11 de septiembre de 2001 fue sentido como un trauma al que siguió un casi absoluto silencio en lo que respecta al debate sobre el significado de los acontecimientos o sobre sus implicaciones. El atentado permitió a la Administración Bush fortalecer su posición política, llevar a la nación a dos guerras y después consolidar su control del gobierno tras las elecciones de 2004. Esto se refiere a lo que uno de mis colegas de la Universidad de Massachusetts llamó «Catástrofe Secuestradora: 11-S, el miedo y la venta del Imperio Americano».[1] Llamaré a esto «antiterrorismo reaccionario».

En este contexto, algunos comentaristas han sugerido que el mejor informe que se ha hecho sobre la política exterior de los EE.UU. desde 2001, particularmente sobre la invasión y ocupación de Irak, ha sido cómico.[2] Uno de los

* Preparado para el seminario «Política Criminal de la Guerra» Abans i després de l'11-S 2001 i de l'11-M 2004 (a Estats Units i a Europa). Universitat de Barcelona. Dies 9 i 10 de març de 2005. Mi agradecimiento a Roberto Bergalli y a mis amigos por la oportunidad y facilidad que me han brindado para escribir lejos de mi país, y a Aaron Lorenz, Tom Hilbink y Susan Burgess por animarme a prestar una atención más seria al humor. Traducido del inglés por José María Ortuño

1. Sut Jhally, Media Education Foundation, Nothampton, Massachusetts (2004).

2. *The New York Times*.

mencionados es *The Daily Show* de Jon Stewart. Tras un breve paréntesis después del 11-S, ese programa ha producido comentarios muy críticos, particularmente sobre la invasión y ocupación de Irak, bajo el disfraz de «noticias falsas». Pero otros cómicos, incluyendo la mayoría de las tertulias cómicas de David Letterman y Jay Leno de última hora de la noche, han bromeado sobre las políticas de Bush sobre terrorismo e Irak. Desde luego que eso también ha sucedido en el resto del mundo. Obviamente, el humor dominante en la vida americana no es siempre explícitamente «anti-antiterrorismo». Pero, la capacidad que tiene la comedia relativamente hegemónica para llamar la atención de las falacias, dificultades y absurdos del antiterrorismo reaccionario hace que la expresión cómica adopte la forma crítica.

En este artículo repasaré el humor que rodea al esfuerzo antiterrorista de la Administración Bush. Me centraré particularmente en las alertas de códigos coloreados producidos por el Departamento de Seguridad Nacional porque estoy interesado en la relación entre el sentido del riesgo y la evaluación de la política del gobierno. No se trata aquí de humor de simples bufonadas o incluso de Charlie Chaplin; es el humor de comediantes serios: Lenny Bruce y George Carlin en los Estados Unidos, Monty Python en el Reino Unido. Éste es el humor que saca a colación temas de los que resulta difícil hablar en el lenguaje cotidiano.

Aquí, la relación entre la política del contra-terror y la guerra se convierte en algo subyacente. Creo que los aspectos de la política de Bush como las invasiones de Afganistán y de Irak, que se han intentado justificar por los atentados del 11-S, son en última instancia diferentes de la guerra expresa contra el terrorismo. El humor que rodea conflictos más tradicionales, aparentemente más cauteloso y cuantitativamente menos prominente, debe ser valorado en su justo término. Sin embargo, continuará siendo algo periférico en esta investigación.[3]

Empezaré abordando la naturaleza seria del humor. Repasaré primero el trabajo de los estudiosos que asocian el humor a la conciencia y en última instancia a la estructura social, y después la relación de los chistes con la política, para lo que el trabajo de un interesante investigador estonio, Igor Grazin, sienta los fundamentos que permitirán prestar mayor atención al humor sobre el terror. Analizaré aquí algunos chistes particulares y su significado político. En última instancia presentaré teorías de resistencia y de la naturaleza de la cultura con trabajos como *Weapons of the Weak* de James Scott, quien sugiere que reírse de la guerra contra el terror de la Administración Bush es una forma de resistencia. En un trabajo futuro examinaré las propuestas de cómicos como George Carlin y Jerry Seinfeld, que sugieren que ante la injusticia la risa actúa como fuerza moderadora.[4]

Aunque no conozco bien los convencionalismos de Cataluña, ni la pronunciación de su lengua, creo que no sería mal visto que nos riéramos durante esta presentación. Si a alguien le resulta algo gracioso, podrá aceptarse que se ría

---

3. El extraordinario mapa titulado «Nuevayorkistán» (Appendix A) de Maira Kalman y Rick Meyerowitz que apareció en la portada de *The New Yorker* el 12 de diciembre de 2001 es una remarcable excepción a la contención humorística general que existe en relación a los atentados del 11 de septiembre y las invasiones de Afganistán e Irak.

4. Nota de Aaron Lorenz.

abiertamente. El humor interlingüístico es muy retador, yo mismo he podido generar una buena cantidad de risas en Barcelona el último mes cada vez que intentaba hablar en castellano o catalán. En cualquier traducción simultánea, con un poco de suerte, habrá un par de momentos en que se producirán risas por algo de lo que se dice o, cuando menos, será percibido lo dicho como algo gracioso.

La naturaleza del humor

El humor, siempre presente en la sociedad, empezó a aparecer sólo tardíamente en las investigaciones de las ciencias sociales. Se ha desarrollado como uno de los aspectos de la investigación científica desde hace muy poco. La ciencia social es en sí misma una disciplina académica reciente. Como tal es una ciencia cohibida a la hora de escoger los temas que estudia. Podemos admitir, al menos inicialmente, la necesidad de que investigue asuntos serios. Y, como ocurre con las investigaciones académicas en general, se implantó la tendencia a ignorar las actividades culturales populares u ordinarias y a primar los asuntos más elevados de investigación. Esto sería algo así como preferir siempre la música clásica al rock and roll o el debate político a los chistes. Pero ahora hay conferencias y grupos de estudiosos que están interesados en examinar el debate político originado por los chistes. Estudiosos de todo el mundo están escribiendo sobre las cosas que hacen reír a otras gentes y tratan de explicar la razón por la que se ríen.

Un marxista muy gracioso amigo mío, Bertell Ollman, creó un juego al que llamó «lucha de clases» como respuesta al muy exitoso juego estadounidense sobre la acumulación de propiedad, «Monopoly».[5] Luego trató de ponerlo en el mercado y a continuación contó la historia de la empre-

_____

5. Parker Brothers.

sa en un libro muy inteligente llamado *Class Struggle is the Name of the Game.*[6] En este libro Ollman utiliza el juego y sus esfuerzos para lograr venderlo y así sacar el tema de la lucha de clases, realidad no dicha de la vida moderna y que, como señala él, no suele aparecer cuando se está en compañía educada. Ollman montó en 1983 una conferencia sobre humor izquierdista, incluyendo chistes como éste:

> *Pregunta:* ¿Cuantos capitalistas se necesitan para enroscar una bombilla?

> *Respuesta:* Ninguno, porque no necesitamos capitalistas para enroscar bombillas ni ninguna otra cosa que sea realmente necesaria en nuestra sociedad.

Ollman dice que la experiencia de aquella conferencia no fue totalmente satisfactoria, pero que él aún continúa siendo divertido.

El teórico social Sigmund Freud, desde luego, escribió sobre humor.[7] Para Freud, el humor era la clave del inconsciente y tenía significaciones muy específicas. En parte debido a la penetración de sus teorías, ya es convencional entender que al reír estamos revelando cosas. Con frecuencia éstas son cosas personales, según la lógica freudiana, pero Freud también dedicó atención a la colectividad, que es lo que nos interesará aquí. A menudo he pensado que la expresión pública, colectiva, que es evidente en el humor y que suele provocar risa colectiva, aunque sea poco ruidosa (lo que los americanos llaman *chuckle* o risa entre dientes), dice algo de lo que sabemos como pueblo y del conocimiento que compartimos. En este sentido, el humor depende, al igual que el lenguaje o el derecho, del entendimiento compartido. Alcanzar ese entendimiento colectivo, traerlo a la superficie y pellizcarlo es

---

6. *Class Struggle Is the Name of the Game: True Confessions of a Marxist Businessman* (Wm. Morrow Pub., 1983); 2.ª ed. ampliada titulada *Ball Buster? True Confessions of a Marxist Businessman* (Soft Skull Press, 2003).

la tarea del humor que importa a la hora de combatir el antiterrorismo reaccionario.

La perspectiva teórica presentada por Thomas C. Veatch, quien trabaja en el Departamento de Lingüística de la Universidad de Stanford, proporciona una buena ocasión para desarrollar el significado del humor en lo que respecta al conocimiento colectivo. También ofrece un buen fundamento para la discusión sobre el humor antiterror. El trabajo de Veatch se puede consultar en la red.[8] Sus referencias son legítimas, pero su perspectiva me parece algo provocadora. Pone de relieve la base de humor que tienen las normas y además informa de un aspecto de la presentación, la simultaneidad, que desarrolla la naturaleza de la conciencia de las normas. En teoría, normas, transgresión y simultaneidad pueden producir situaciones en las que haya propensión a la risa.

Para Veatch, el humor depende de la existencia de normas. Señala que «el humor aparece cuando las cosas parecen transcurrir con normalidad mientras que hay algo que al mismo tiempo funciona mal».[9] Quiero atraer

---

7. Sigmund Freud, «Humor», *International Journal of Psychoanalysis* 9 (1928): 1-6; Ver también Milan Kundera, *The Joke*, trad. Michael Henry Heim, Harmondsworth: Penguin, 1983; Arthur Asa Berger, «Popular Culture», *An Anatomy of Humor*, New Brunswick, N.J.: Transaction, 97-120; Mary Beth Stein, «The Politics of Humor: The Berlin Wall in Jokes and Graffiti», *Western Folklore* 48.2 (1989): 85-107. Se puede consultar una excelente bibliografía en inglés en la página de Internet Humor Society compilada por Don N.F. Nilsen en la Universidad del Estado de Arizona. Incluye el trabajo de Alan Dundes y Alison Dundes Renteln, alguno de los cuales está relacionado con el derecho.

8. www.tomveatch.com/else/humor/paper/humor.html

9. «Las condiciones necesarias y (al mismo tiempo) suficientes para la percepción del humor son:

a) El perceptor tiene en mente una visión de la situación que vulnera alguna responsabilidad afectiva que el perceptor tiene respecto al modo en que debiera ser algo de la situación.

b) El perceptor tiene en mente una visión predominante de lo que sería una situación normal.

c) Las premisas [*a*] y [*b*] están presentes en la mente del perceptor al mismo tiempo.»

En su discusión Veatch se refiere a *a* como la Norma (N) y *b* como la Violación (V) y *c* como «Simultaneidad».

la atención, en este artículo, sobre la dimensión normativa de la teoría de Veatch, sobre la relación entre la normatividad y el humor: la tesis de Veatch respecto a que sin la tensión existente entre una proposición y una condición que la haga extraña no hay gracia. «Si la situación no puede ser interpretada como normal, entonces tampoco puede ser graciosa.» Por ejemplo, en el *The Daily Show* con Jon Stewart los corresponsales se colocan de pie frente a imágenes de lugares como Bagdad y fingen que están informando desde allí cuando es evidente que no están en esos lugares. Eso forma parte de la dimensión de las «noticias falsas» del programa y es gracioso porque es obviamente falso y, a la vez, en la imagen no todo es tan obviamente falso.

En otras ocasiones se presenta un montaje en el que los corresponsales van sacando asuntos nuevos mientras están con un semblante que los americanos denominamos «cara de póquer» (*dead pan*) o adoptando la forma del personaje serio de una pareja de cómicos. El resultado es que las referencias a Donald Rumsfeld, cuando habla de «ir a la guerra con las armas que tú tienes», se convierte en algo bastante cómico. Incluso el anfitrión, Jon Stewart, a veces se muestra en desacuerdo con el comentario y asegura que lo que están informando quizás no sea cierto. Stewart hace ahí del personaje serio de una pareja de cómicos. Él representa la norma. La opinión de Stewart de que la situación no debiera tomarse muy en serio muestra la tensión existente entre la norma y lo que no es cierto. Además, el personaje serio de la pareja de cómicos, al ser el anfitrión, convierte todo en algo aún más absurdo. Desde esa perspectiva, no es el tema de la falsedad del montaje de fondo ni tampoco la tónica general de falsedad de las noticias lo que hace que sea cómico, sino la necesidad de pensar en la política loca del gobierno.

Para Veatch, «...una inequívoca violación moral no es graciosa» y «...una situación afectivamente ambigua tampoco es percibida como graciosa cuando la interpretación de la violación es tan fuerte que impide que predomine, o hace que falle totalmente, la interpretación de la normalidad, cuando el público decide que, después de todo, las cosas no están bien».[10] Es esencial para el humor de *The Daily Show* que exista un orden moral fuera de la política del gobierno. Porque ésa es la base para que el chiste sea gracioso y pueda tomar la forma de conciencia profunda no debatida de la estructura social. Cuando la afirmación del Secretario de Defensa de que los americanos no están involucrados en torturas se yuxtapone a las imágenes de americanos torturando prisioneros, lo que no tiene gracia en sí mismo, se convierte en divertido, porque es muy absurdo que el Secretario afirme una norma en el contexto de su violación.

Tal como hemos señalado más arriba, Veatch también pone el énfasis en la simultaneidad. Señala que «si no se dan simultáneamente dos interpretaciones, entonces no se puede producir una percepción humorística». Eso es lo brillante del montaje de las «noticias falsas» que coloca al reportero delante de una imagen de un lugar en el que se supone que se encuentra. Pero el humor está en que no se percibe ningún esfuerzo en hacer que el montaje parezca real. Así, en lugar de lo que Veatch llama «un sentimiento seguido por otro» que «produce una secuencia de sentimientos... pero no humor», tenemos en el *show* el sentimiento espontáneo de la absurdidad de la pretensión del reportero de que está en algún lugar como Bagdad. Así, en esta tesis pasa a formar parte de la naturaleza del humor el que «las formas de empaquetar ambas visiones de la situación en una mente al mis-

10. «Esto último puede ocurrir cuando el perceptor está demasiado implicado con el principio que está siendo cuestionado; este tipo de situación se discutirá posteriormente. En las circunstancias en que N está ausente, el perceptor puede ofenderse o sentirse amenazado por una interpretación V y entonces no encontrará la gracia.»

mo tiempo, tales como la sorpresa y la ambigüedad»,
son importantes.[11]

El telón de fondo falso es un recurso televisivo. En
televisión, la pretensión de que las bombas que están
cayendo al fondo son reales puede que sea difícil de
mantener; sin embargo, el recurso se ha convertido en
algo realmente importante. Ahora, junto con las pelícu-
las, las cuales existen en un extraño sentido epifenomé-
nico, la TV está cambiando la cara de la ley. De lo que
antes fue algo totalmente verbal ahora esperamos imágenes. Estoy particularmente interesado en las imágenes visuales, y en temas de investigación en los que el
humor tenga al menos algún componente visual. En parte es así porque pienso que aquél viaja y se presenta mejor
de esa forma. Pero también prefiero investigar la cultura visual porque estoy en plena investigación sobre las
formas de autoridad que tradicionalmente se han asociado al derecho moderno. Mientras que antes habían
sido más abstractas y simbólicas que visuales, pienso que
ahora están cambiando. Este cambio en la ley hacia lo
visual se hace evidente en las dimensiones críticas del
humor visual que actualmente preocupa en los Estados
Unidos. Mientras que tenemos, por ejemplo, la tradición
del comediante de micrófono (de monólogos), con una
forma de humor muy verbal, ahora tenemos los telenoti-
ciarios, una institución cultural muy prominente que
acompaña cada historia con imágenes. Esto ha permitido que, a su vez, aparezcan las noticias falsas del *The
Daily Show*, además del formato más largo del «Weekend
Update» de *Saturday Night Live*.

Al explorar el humor visual en lugar del simple humor
en el lenguaje, aparecen conexiones que pueden no ser
lógicas y que se convierten en interesantes. Por ejemplo,
el parecido de los códigos de color con la bandera del or-

---

11. *Ibíd.*

gullo gay en los Estados Unidos es sorprendente. La similitud es parte del paisaje cultural sobre el que opera el
código.[12] La bandera gay, en sí misma un juego bastante
inusual de colores básicos, es muy parecida y ello hace
que se produzca una asociación que sería investigada si
los códigos tuvieran una elaboración tan cuidadosa como
los nuevos detergentes. El hecho de que esa investigación
no se haga y que los códigos parezcan la bandera gay se
convierte en un tema humorístico. Hasta el extremo de
que el muy «serio» [*straight*, significa también heterosexual]
Tom Ridge aparece como la antítesis de lo gay [también
«alegre»]; los comentarios sobre el código de colores aso-
ciando éstos con el estilo de vida gay puede servir para
debilitar la política de la Administración Bush. Algo menos evidente pero potencialmente más substantivo: el código de color en la bandera gay está vinculado al hecho de
codificar, en general, la indumentaria y el lenguaje tanto
como el color en un estilo de vida desviado, donde el comportamiento es a la vez fluido y sin los tradicionales indicadores. Así, para los sadomasoquistas, no sólo el cuero
sino los pañuelos mostrados de forma particular tienen un
significado, de igual modo que para las lesbianas el color
azul-lavanda o las imágenes de ciertas flores son códigos
para sus integrantes, que delinean con ellos una subcultu-
ra. No exactamente igual a la que Tom Ridge* quisiera que
asociáramos con él.

---

12. El azul y el verde se invierten en la bandera del Orgullo Gay y el Departamento de Seguridad Nacional de los Estados Unidos no ha incluido en el código
el azul lavanda.

* Tom Ridge era Secretario de Estado de Seguridad de los Estados Unidos en
el tiempo en que este trabajo fue preparado. *N. del T.*

78

Chistes y política

Mi interés en el humor proviene de un interés anterior en el conocimiento colectivo y en las dimensiones culturales de la política pública, como mencioné precedentemente. Este tipo de conocimiento es siempre un aspecto de la política e incluye también al derecho. La «distribución autorizada de valores» es habitualmente la definición que los científicos políticos americanos utilizan para la política. A mi modo de ver, la política se refiere a la lucha en el ámbito de aquella distribución, por lo que la definición funciona tanto para la política como para el derecho. Mi trabajo está relacionado normalmente con el derecho y ha sido mi interés por el derecho lo que me ha permitido realizar muchas de las observaciones mencionadas en este artículo. El derecho es un mecanismo común para la puesta en práctica de la política. En los Estados Unidos, entre los estudiantes de política, el derecho se hace algo tan obvio que sus cualidades no suelen ser examinadas. Déjenme continuar esta consideración sobre chistes y política con una discusión sobre las pretensiones peculiares que hace el derecho.

En una investigación reciente sobre la naturaleza de la ley[13] por parte del estudioso estonio Igor Grazin,[14] el autor utiliza el humor para mostrar el desafío de captar el principio fundamental de la jurisprudencia moderna, de que «un objeto de obvia formalidad» (la ley) puede crear una diferencia tan grande en el mundo.[15] Por ejemplo, propone que «la prescripción legal impone un fin sobre algo que en realidad no ha finalizado».[16] Grazin llama a

---

13. En este sentido, el derecho, como parte de la política, se basa en la creencia de que la acción humana, la elección y el mundo social pueden ser constreñidos por medio de la acción humana, la elección y el mundo social. La política es más que eso y trataré de ver con el tiempo cuánto más que eso es.

14. «On Myth, Considered as a Method for Legal Thought», *Law and Critique* 15/2004: 159-181.

15. *Ibíd.*, p. 163.

16. *Ibíd.*

esto «contra posición». Lo que es claro es que la pretensión de que la ley está fuera de la manipulación humana es algo realmente gracioso. Grazin dice: «Esta contraposición forma uno de los atributos más característicos de los textos de Woody Allen [director de cine estadounidense]». Grazin resume esos textos como «Nazismo versus abre-latas; la existencia de Dios *versus* la disponibilidad de un fontanero en fines de semana; la racionalidad del Universo *versus* "algunos lugares de New Jersey", etc.».[17]

Este tipo de material tan epistemológicamente fundamentado, teleológicamente contaminado y ontológicamente descabellado es difícil de traducir en ningún lenguaje. Es difícil asimismo de comunicar en inglés a una audiencia catalanoparlante, conocedora del castellano, pero es lo que lo hace más emocionante y, quizás, lo que incluso demuestra su verdad. «Nazismo *versus* abre-latas» podría ser una afirmación ordinaria que no causara extrañeza, como decir «hace un bonito día hoy en Barcelona» con mi forma de hablar y, quizás, con vuestra forma de oír. Hay algunas ventajas en el texto escrito. En la traducción, la extrañeza no se supone que sea cómica y, por lo general, actuamos de forma cortés y evitamos caernos al suelo de la risa cuando alguien comete un error en la gramática. Sin embargo, el problema de la traducción está cerca del carácter del humor. Mientras que la confusión resultante de una traducción poco clara lleva a los caprichos del malentendido, el placer y disfrute del humor procede del entendimiento de la confusión.[18]

Grazin señala que Woody Allen a menudo hace humor mezclando niveles de significado, superponiendo lo grande e importante con lo ordinario. En el contexto del tratamiento que hace Grazin de la ley y, en última instan-

---

17. *Ibíd.*
18. Estoy impresionado al respecto por la centralidad que tiene el sonido o la pronunciación para determinar qué dirección se tomará... de confusión o de entendimiento.

cia, mi tratamiento del terror, lo absurdo procede de la confusión intencional de categorías. Los nazis pusieron a los judíos en cámaras de gas y los abre-latas abren latas de jugo de tomate. Los niveles están separados pero una de las tragedias más grandes del Tercer Reich fue el fracaso de la gente ordinaria en parar las acciones del gobierno. Ese fracaso, desde luego, tiene analogías cercanas con el estado actual de disentimiento en los Estados Unidos. Los Estados Unidos son, después de todo, la tierra tanto del terror como de la Academia de los Óscars, de la tortura y de la tarta caliente de manzana, de la arrogancia colectiva y de la muy sincera, a veces, humildad individual.

Otras veces la confusión en el humor conlleva una similitud intencional o una interconexión. El tema de la existencia de Dios se supone que importa a un montón de gente hoy en día, pero no parece que, en la práctica, importe nada en absoluto. El tema de si un fontanero está disponible en fines de semana se supone que pertenece a un nivel mucho más bajo de preocupación, sin embargo podría llegar a ser mucho más importante que la existencia de Dios, al menos en un fin de semana particular, si se presentan ciertas necesidades urgentes de fontanería. Esto es el cruce teleológico de cables. El tipo de confusión del gran tema / pequeño tema, algo que está en el corazón de las bromas sobre la «existencia de Dios» y «encontrar un fontanero en fines de semana», tiene relación con el humor sobre guerra y terror. La verdadera naturaleza de la situación hace del terror una de esas cosas que existen en el nivel de lo profundamente convincente y sensible. Yuxtaponiéndolo con lo ordinario puede ser desafiante y muy divertido.

De todas sus manifestaciones, las advertencias del código de color conocidas como el «Sistema Asesor de Seguridad Nacional» realizado por el Departamento de Seguridad Nacional bajo las órdenes del secretario Tom Ridge han sido tema de extraordinario ridículo.[19] Según un artículo de *The Washington Post* del 13 de agosto de 2003, el Congreso creyó que las alertas de color eran tan vagas que incurrían en el riesgo de sacar al público del nivel de alerta que teóricamente debían crear.[20] El candidato presidencial John Kerry señaló en una entrevista para la revista *Rolling Stone* publicada el 20 de octubre de 2004, que abandonaría el código de color de las advertencias de seguridad porque «la gente se ríe de ellas». No propuso una alternativa ni tampoco demostró que realmente hubiera entendido qué era lo divertido de los códigos. Y, por supuesto, perdió su campaña.

Mientras que el asunto para Grazin era la capacidad pretendida de la ley para hacer distinciones y limitar el comportamiento, aquí mi tema aumenta un poco hasta incluir la reacción a aquellas distinciones y políticas de confinamiento. Igual que es extraño pensar que hay algo ahí fuera, el derecho, que puede controlar la vida humana, también es bastante extraño pensar que una sensación general producida por un color como indicador de un grado de peligro pueda ser de utilidad para evitar el terror. Mientras el color puede ayudarnos para marchar o parar cuando cruzamos las calles y también ha sido asociado durante mucho tiempo con el ambiente, de modo que se considera que el rojo es caliente y puede cubrir las paredes de una discoteca y que el verde es frío y puede cubrir las paredes de un hospital psiquiátrico, el color no parece que pueda hacer el trabajo que el sistema de códigos de colores espera de él. Así, una de las parodias cómicas de la alerta del terror sugería que todos lleváramos botones correspondientes al nivel de las alertas. La alerta de rojo alto o naranja

---

19. Cuando lo comprobamos el 25 de enero de 2005, la advertencia del 10 de noviembre de 2004 respecto al «nivel de amenaza actual» (www.dhs.gov) aún estaba con el «elevado», es decir, «riesgo significativo de atentados terroristas».

20. Christopher Lee, «Hill Agency Assails Security Alert System», *Washington Post*, 13 agosto, 2003.

sería, según esa formulación, el resultado de que la gente lleve los botones con el color apropiado. Esto, según mantiene el autor de la sugerencia, podría ser el tema de muchas conversaciones. Estaría la conversación entre un ciudadano con el botón apropiado y otro con un botón de nivel más bajo, o entre uno con el botón del naranja inquieto y otro que no llevara ningún botón en absoluto. La idea del botón extrae las cualidades proto fascistas de los códigos de color, además del absurdo de pensar que los niveles de color son de algún modo operativos entre la población.

Al menos en Estados Unidos, la pugna política entre republicanos y demócratas pocas veces ha suscitado una comedia seria y sostenida durante la campaña.[21] Esto, se ha sugerido, puede ser cuestión de eficiencia ya que las campañas existen por su naturaleza transitoria y los temas que en ellas se trata son efímeros. A pesar de ello, un investido presidente, y sus políticas como la ocupación de Irak, han sido raros por el nivel de crítica que se ha aireado públicamente en las series de Jon Stewart, *Mess O'potamia* [*N. del T.*:«Lío de Potamia»], o en el *Farenheit 9/11* de Michael Moore.[22] A diferencia de una campaña, y también de una guerra ordinaria, la «Guerra al Terror» estadounidense parece una inversión segura en la energía humorística. Esto quiere decir que seguramente el humor permanecerá por algún tiempo. Tal como lo lleva la Administración Bush en los Estados Unidos, no hay nada en el comportamiento de «la Guerra» o en sus consecuencias políticas, como pudimos ver en las últimas elecciones, que sugiera que pueda acabar con éxito pronto.

---

21. El «grito» proferido por el candidato presidencial Howard Dean durante la campaña política es una excepción. El trato de aquél por comediantes señaló el final de su campaña por la nominación presidencial democrática.

22. Una de las tensiones que conlleva las críticas a cualquier guerra es el impacto que pueda tener esa crítica sobre los estadounidenses cuando existe el riesgo real de ir la guerra. «En peligro» [*harm's way*, como contraposición a *out of harm's way*, a salvo] es el término que se utiliza. La idea general es que la crítica desmoraliza a las tropas.

Respecto a la ley sobre el terror, la ley más célebre en Estados Unidos es la *Patriot Act*. Últimamente, la *Patriot Act* ha sido menos objeto de humor que los códigos de color. El hecho que la ley haya sido objeto de crítica pero no de la sátira, como lo ha sido la codificación de los colores, puede servir para hacerse una idea de los límites de la resistencia convencional,[23] e incluso, según parece, de los límites de los comentarios culturales, terreno donde se mueve el humor. La *Patriot Act* es, después de todo, muy difícil de entender. Es enorme y complicada y los comentarios sobre ella no han sido graciosos. Mientras que en los EE.UU. se han comentado las violaciones de las libertades civiles y de los derechos humanos asociados con aquella ley, no ha sido objeto de comentarios humorísticos, al menos con la misma amplitud. El puritanismo del Fiscal General John Ashcroft que se ocultaba tras ella, recibió bastante atención pero no tanta como el tema se merecía.

Reírse del terror

James C. Scott, cuyo libro de 1985 *Weapons of the Weak* [Armas de los débiles] nos proporcionó este maravilloso término para referirnos a las modestas formas de resistencia, utiliza en otro libro de 1990 el siguiente proverbio etíope: «Cuando un gran señor pasa, el campesino sabio se inclina ostensiblemente y, silenciosamente, se tira un pedo». Scott pertenece a un cuerpo de estudiosos que presta atención a las «formas de resistencia» a las relaciones de poder dominante que son evidentes en la vida ordinaria. Scott es un escritor persuasivo y un intelectual comprometido que sostiene que si atendemos sólo a las expresiones de resistencia articuladas y conscientes se

---

23. James C. Scott, *Weapons of the Weak: Everyday Forms of Peasant Resistance* (New Haven: Yale University Press, 1985).

nos escaparán otras formas en que se critica la estructura social. Eso es lo que extraemos de Scott en el presente análisis. Sin embargo, existen limitaciones en su trabajo tal como se usa en los Estados Unidos. Una consiste en el el hecho de centrar el análisis sobre «los débiles». Jon Stewart y su audiencia de millones que se ríen juntos de las políticas de Bush no son débiles colectivamente, y sus risas pueden ser formas de resistencia modestas. Otra, particularmente relevante aquí, es el potencial para que la expresión indirecta e individualizada de disentimiento sea igualada con otras formas más articuladas. Mi preocupación de que el análisis del presente artículo no pase a ser aquel tipo de liberalismo me lleva a prestar atención a la risa como expresión de una resistencia abierta.

Como uno de los aspectos más cómicos de la guerra al terror de Bush, los «códigos de alerta de color del terror» tienen una simplicidad infantil que se convierte en el principal motivo de la risa que ha generado. Existe, en la idea de asociar los colores con el nivel de amenaza a la nación, una desconexión infantil de los temores del mundo real tanto como para representar el absurdo hasta un nivel no capturado por otras imágenes más tradicionales y complejas.[24] Los chistes que se hacen sobre la forma en que los códigos son utilizados y sobre las proclamas del secretario Ridge (como su propuesta de tapar los resquicios de las ventanas cuando la alerta esté en rojo alto), atacan de forma crítica las comunicaciones oficiales, incluyendo la percepción de amenaza y la sugerencia de la respuesta apropiada por el Departamento de Seguridad Nacional. Esto es evidente en un nivel, pero en otro es extraordinario, ya que los Estados Unidos son muy autoritarios respecto al poder del Estado.

---

24. Tales como la danza en el segundo baile inaugural, los cuerpos regresando de Irak a EE.UU. (éstos no son mostrados en absoluto), o incluso el renqueante Juez Principal de Estados Unidos recibiendo el juramento de George W. Bush en su segunda elección.

Los códigos de color no requieren ni justifican comportamientos particulares, pero por su aspiración de evaluar un nivel de amenaza tienen amplias repercusiones. Son política del gobierno en la medida en que implican «la asignación autorizada de valores» y en que representan las opciones del gobierno a través de las cuales evaluamos el liderazgo. Aunque no son leyes en su sentido tradicional, en la medida en que son política y dado el humor que suscitan, los códigos de colores forman parte de una estructura autoritaria. La resistencia a los códigos como humor político es un nivel bajo de forma política, pero está más comprometida que otras formas de resistencia amorfas discutidas por Scott. Desde luego que su estatus como política gubernamental y representación de lo que hace el presidente estadounidense respecto al terror es, en parte, lo que hace de los códigos excelentes temas de humor. Algunas de las bromas, de hecho, han tomado la forma de sugerencias políticas para una acción apócrifa basada en los códigos.[25]

Así, en el asunto de los códigos de color un aspecto del humor es el tipo de confusión sugerido por Veatch, Grazin y Scott. Los diseños de colores básicos están entre las cosas que atraen la atención de los niños en sus primeros años. Los libros infantiles tienen colores básicos. Un estuche de lápices de colores es una de las primeras relaciones de propiedad que tiene un niño. La norma respecto a los colores «primarios» usados en los códigos es simple: las asociaciones que hacemos con los colores básicos son, por lo general, de inocencia. Por otro lado, el terror es un fenómeno complejo que creo que no es bien entendido. A algunos de mis colegas les gustaría verlo como una inven-

25. Un grupo que se autodenomina «Mundo en Conflicto» propuso que los ciudadanos llevaran botones con los colores según el nivel de alerta vigente, de modo que pudieran iniciar conversaciones sobre el comportamiento más adecuado para la situación. Ver http://www.nwcitizen.us/wic/Quickly/Publicbaffledby terroraler.html

ción del gobierno estadounidense. Creo que es una forma de acción política diseñada para generar miedo y perturbar la autoridad política. Su objetivo es, en muchos casos, la confusión, y las emociones generadas por el terrorismo en los Estados Unidos después del 11-S están caracterizadas por la confusión. Lugares seguros se convierten en peligrosos. La realidad de la muerte se hace presente en cualquier lugar. Las imágenes y las posibilidades que sugieren son cosas que deseamos colocar lejos de la vida de los niños. En su lugar pensamos en la pureza diaria, la inocencia y la vida prometedora que asociamos con ellos.

Muchas de las sátiras de las alertas del terror son reproducciones de la imagen visual. Lo que viene a continuación se dirige más profundamente al significado que tiene el hecho de que los códigos sean colores. Fue anunciado como «La hora del pudding» en www.puddingbowl.org, un sitio web muy político.

Confusión en la alerta de terror, 21 de mayo de 2003

> Dada la necesidad de tener siempre en mente los niveles de Alerta de Terror de nuestra nación, me preocupa que los códigos de color de cinco niveles no sean igualmente intuitivos para todo el mundo. Por ejemplo, si el azul es un color tranquilizante para usted, como sin duda lo es para mucha gente, usted puede asumir subconscientemente que la Alerta Azul significa amenaza Baja de terror.
>
> Tengo noticias inquietantes para usted. Una Alerta VERDE indica una amenaza Baja de terrorismo. Una Alerta AZUL requiere que usted asuma una actitud cautelosa.

El autor ha puesto la atención en el aspecto del color que presumiblemente se quería significar en la elección de los códigos de color para un sistema de alerta de terror; la idea de que intuitivamente están asociados con sensaciones, supone que tenemos algún sentido cultural de lo que significan. El significado se lleva entonces a un nivel de absurdo por la sugerencia explícita de que los códigos debieran estar vinculados a la forma en que debemos vestir. El autor de la página web continúa sugiriendo que el error en la asunción de que el verde denote un nivel más bajo que el azul podría tener graves consecuencias:

> Su error le podría llevar a escoger pantalones cortos en lugar de pantalones largos, sandalias en lugar de zapatillas de deporte, unas zapatillas que podrían haberle salvado su vida.
>
> Ciertamente, incluso una inversión de la llamada al orden del espectro de colores —el «arco iris», si usted prefiere— del familiar Roy G. Biv, nos decepciona, debido de nuevo a la pretensión del gobierno de que el verde es menos terrorífico que el azul. No creo que sea necesario insistir en las muchas formas que tan peligrosa subjetividad podría llevar a la vigilancia ciudadana a caer en un *lapsus* —y dejar la puerta bien abierta a nuestros enemigos.

Sobre estos asuntos, el autor de la página web se remite a aspectos básicos del humor. Construye la gracia humorística sobre nuestro sentido de lo que es normal y lo que está fuera de lugar, y al hacerlo debilita la autoridad de los responsables de los códigos. Su humor evidencia que los códigos no nos hacen más seguros Y esa broma crea una duda importante respecto a que el gobierno esté haciendo con esos códigos algo que sea relevante.[26]

El humor sugiere que, respecto a la lucha contra el terror con los códigos, y quizás también en general, no se ha hecho nada que haga más seguros a los estadounidenses. El referido autor de páginas web prosigue en su crítica de los códigos, y llama la atención de su absurdo al sugerir que los daltónicos han sido olvidados:

---

26. En un caso fascinante de principios de siglo XX en EE.UU., *Patterson vs.Colorado*, el juez Holmes sostuvo que un dibujo que caricaturizaba a los jueces como títeres del capital y que llevó al dibujante a la prisión por desprecio de la justicia, no estaba amparado por la primera enmienda de la Constitución estadounidense.

¿Qué de bueno trae TODO eso a nuestros ciudadanos daltónicos? A pesar de su agobiante discapacidad, no nos podemos permitir dejarlos en la cuneta en la hora más desesperada de la libertad.

Por esta razón, he desarrollado el siguiente Código Animal que se relaciona de un modo más lógico con los niveles de alerta de Terror. Estos son como siguen:

Nivel de Alerta Terrorista - Código Animal
Bajo - Comadreja
Cautela - Búho
Elevado - Serpiente
Alto - Tigre
Severo - Tiburón

Concluye este autor sugiriendo que la forma de incorporar sus códigos animales, por él preferidos, en nuestra vida cotidiana, sería asumiendo los comportamientos de esos animales según el nivel de amenaza.[27]

Hay una buena lista de bromas sobre políticas particulares. Los chistes se construyen sobre algún punto respecto del que no hay duda de que es ridículo, lo cual facilita la realización del chiste. Cuando John Kerry hizo referencia en plena campaña a los códigos de color fue para asegurar que eran ridículos. Cuando expiró el período del Secretario de Seguridad Nacional Ridge, los códigos ridículos formaron parte de su legado. El ciclo que en este sentido se apoya en la política pública se hace evidente también en los parámetros, desafíos y oportunidades humorísticas. En este ciclo, no sólo el humor crítico se incrusta en la conciencia pública, sino que exige cambios en la forma en que se debe presentar el chiste. Así, después de un tiempo,

---

27. Os ruego que automaticéis vuestra reacción practicando, quizás con vuestros familiares y amigos, según el nivel de alerta de terrorismo, vuestra propia interpretación imitando al animal que corresponda según código de cada momento (no es necesario disfrazarse de un modo acorde porque podría ser una molestia en el caso de que hubiera un ataque). Comprobad constantemente la página web del Departamento de Seguridad Nacional o FoxNews.com…

cuando los colores forman parte de la gracia, ya no será suficiente con repetir lo de los colores. Los chistes sobre la simplicidad en el orden de los colores de los códigos y el lío de comportamientos que supuestamente se seguirían de las advertencias codificadas tendrán que elaborarse más. Hasta cierto punto es obvio que se requiere más del humorista a medida que el objeto humorístico atrae más la atención. Eso es evidente en el diseño de una página web muy inteligente y que usa colores como el beige, rosa o verde oliva para sugerir que un abanico de colores más sofisticado acercaría el sistema de códigos a la vida, como por ejemplo haría un guardarropa.[28]

Por otro lado, hay algo en todo este lío de los colores que tiene la cualidad de la repetición, algo que a menudo se asocia con el humor. En la primera Administración Bush, las referencias a las dificultades que el Presidente tenía con el lenguaje fueron tan repetidas que al final acabaron formando parte de su persona, como ocurrió también con el anterior presidente Gerald Ford, cuya torpeza se convirtió en parte de su carácter público como resultado de la continuada parodia que el cómico Chevy Chase hizo en el programa *Saturday Night Live*, en el que cada vez que imitaba al Presidente tropezaba con todo alrededor.

El humor sobre el terror no pasa sin comentarios y, como ocurriría con los intentos de hacer gracia de cualquier cosa, hay quienes no estarán de acuerdo. En los Estados Unidos, las objeciones hacen alusión a los temores serios que señalan aquellas advertencias y a la memoria de aquellos que fueron asesinados el 11 de septiembre. Las bromas sobre el antiterrorismo reaccionario son tomadas en ocasiones como bromas sobre el horror de actos de violencia aleatorios cometidos contra personas que no tienen responsabilidad alguna en la formulación de las políticas públicas, o que incluso no las apoyan.

---

28. http://subintsoc.net/terror_colors.php

La Guerra en Irak es para los estadounidenses una empresa más específica, con convencionalismos más fuertes gobernando el nivel de discurso que en el caso del humor sobre el terror, pero eso es así por la relación entre la política y el humor que estamos analizando. Desde muchos puntos de vista... del grado de sufrimiento, del impacto económico o de la amenaza a la humanidad, la guerra en Irak ha representado un peligro extraordinario para la vida en el mundo. En la primavera de 2005, el número de bajas de guerra estadounidenses se aproximaba a las del 11 de septiempre y, desde luego, el número total de muertos era diez veces mayor. Pero, en los Estados Unidos, es vista como una guerra extranjera y se utilizan parámetros algo más estrechos que en el caso de la guerra contra el terrorismo. Así, la guerra en Irak se transforma en *The Daily Show* realizado cada noche por Jon Stewart para el público estadounidense en la *Mess O'potamia*. Pero nada simboliza el comentario sobre la guerra de Irak de la misma forma en que los códigos de colores vinieron a simbolizar las debilidades de la política de la guerra al terror en la primera Administración de Bush.

Resistencia y Cambio Político

Lo que hace que la noción de resistencia de James Scott sea tan convincente, así como de interés para los sociólogos del derecho la de Silbey y Ewick, es la relación entre lo que podrían parecer (o, simplemente, sean) expresiones idiosincráticas de sentimientos y el potencial para algo más social o público, como la resistencia. Por resistencia entiendo la movilización organizada, en el sentido de movimiento político. En este análisis del humor he insistido en que la dimensión especial de los esfuerzos por hacer reír a la gente con éxito está en que más de una persona se aperciba o sienta esa necesidad de reír. La risa es la expresión de un entendimiento compartido. Como se exponía en el trabajo de Veatch anteriormente mencionado, la risa incluye el sentimiento de que hay algo extraño «en esa fotografía». Ésa es la base para cambiar. En este sentido, la guerra contra el terrorismo ha tenido menos éxito para la Administración de Bush que las guerras en el extranjero, oficialmente llevadas en su nombre pero que son entendidas de modos diferentes, lo que hace más difícil que puedan ser objeto de risa.

Una broma que no hace reír a más de uno en una sala de doscientos, o un dibujo que sólo es apreciado por una persona de entre un par de cientos, no son muy graciosos. Humor, por definición, habla de algo más general. El pedo del campesino cuando pasa el noble necesita ser oído o comentado para que importe en el sentido social referido por Scott. Aunque no está del todo claro en Scott (o Silbey y Ewick) que el acto de resistencia que pasa inadvertido no sea un acto de resistencia en absoluto. Los códigos de color y otros aspectos de la guerra al terror como el aumento de seguridad en los aeropuertos no han sido populares. Hay una vaga sensación de que las políticas no han sido efectivas.

Es en un sentido muy parecido a esto que decimos sobre el humor lo que hace que las referencias a la «patria» americana sean tan peculiares. La referencia pretende traer a la mente un lugar, la tierra en la que descansa Estados Unidos, y la sensación de que ese lugar está constituido como el sitio donde se vive una forma de vida americana. La frase es redundante y extraña en varios aspectos. Estados Unidos ya no tiene un Departamento de Guerra. Es su Departamento de Defensa el que hace las guerras. El llamamiento a proteger la «patria» americana es de nueva creación. Ese uso de la palabra en los Estados Unidos es posterior al 11 de septiembre de 2001, y el concepto, aplicado a los Estados Unidos en lugar de al Tercer Reich, también es nuevo. Lo que esos conceptos indican podría haber sido pensado tradicionalmente como más apropiado al alemán y a su noción de un lugar asociado con lo doméstico y con la nación.

Desde la creación de un Departamento de Seguridad Nacional y del inicio por la Administración Bush de lo que podría ser una guerra sin fin, la guerra al terror, la esfera pública, la esfera del discurso y la cultura en los Estados Unidos se han visto amenazadas. No obstante, no veo claro que los atentados del 11 de septiembre amenazaran esa esfera. A pesar de lo doloroso que fue, siempre hay la posibilidad de discutir, incluso de buscar respuestas políticas alternativas. Pero está claro que las respuestas a los atentados han sido una amenaza a la capacidad del pueblo estadounidense de criticar y de analizar la política antiterror de un modo profundo. Han habido amenazas a la esfera pública a consecuencia de acciones cometidas en interés de la seguridad nacional. La respuesta al fracaso de los códigos de color se debe, al menos en parte, a que se han convertido en algo cómico. El humor, y especialmente el dirigido a los «códigos de color de alerta del terror», ha obligado a hacer cambios en la presentación del mensaje de la Administración Bush sobre «seguridad nacional».

Reír en público es uno de los signos vitales de una política de disentimiento. Los estadounidenses no rieron demasiado después del 11 de septiembre. La ausencia de chistes después de la caída de las torres del World Trade Center en Nueva York se debió a muchas cosas. Una de ellas fue el temor a la ofensa y confusión que supondría tomar como gracioso algo así.[29] En aquel estado de confusión y de horror en el que sería considerado inapropiado hacer chistes, es en el que se movilizó la respuesta de la Administración Bush a los atentados. En el espacio donde la discusión pública fue primero con-

<hr>

29. Siguiendo las revelaciones en la primavera de 2004 sobre las torturas llevadas a cabo por soldados estadounidenses en la prisión de Abu Ghraib, mi familia se vio obligada, a petición del comediante Patrice O'Neill, a intentar encontrar el tono adecuado para los chistes sobre este tipo de sucesos. Finalmente el carácter del personal de servicio estadounidense involucrado fue desarrollado con éxito como un objeto ridiculizante.

dolencia pública, la bandera estadounidense y un patriotismo poco sofisticado suplantaron a las formas más complejas de debate sobre política exterior que en alguna ocasión se había hecho.[30] Este patriotismo con un sentido vago
de su relación con el antiterrorismo fue la base para la
guerra de Afganistán que después sirvió de base para
la guerra de Irak.

La risa es un terreno de lucha y ha jugado un papel en
moderar y, en última instancia, posiblemente, limitar las
consecuencias desastrosas de las políticas antiterror estadounidenses. Cuando el humor reapareció unas semanas después del 11 de septiembre, los chistes fueron re-
cogiendo lentamente algunos de los temas centrales que
constituían la «Política de Seguridad Nacional». Había
chistes sobre el carbunclo (ántrax) y sobre muchos de los
estereotipos. Algunos de los mejores vinieron de los afro-
americanos que, para variar, no aparecieron como el grupo más temido y vilipendiado en los Estados Unidos. Habían chistes obvios sobre regímenes títeres de los EE.UU.
representados por líderes falsos que proferían discursos
escritos en la Casa Blanca y la idea tonta de la pequeña
«Coalición de los Dispuestos» [*Coalition of the Willing*] yux-
tapuesta con el número más substancial de países «no
dispuestos» [*unwilling*] a participar en la guerra de Irak.
Ninguno de los comentarios críticos tuvo el efecto de los
chistes sobre las alertas del terror codificado con colores,
del que se sabía ampliamente que había fracasado.

La existencia de una esfera pública y la relación entre
este espacio más técnico y los aspectos del lenguaje y la
cultura en la base del humor (y la ley)[31] forman parte subs-

---

30. Ver John Brigham, «The Newer Colossus: American Power and Symbols of
Freedom after September 11», conferencia ofrecida en la University of Connecticut,
noviembre de 2001.

31. Robert C. Ellickson, *Order Without Law: How Neighbors Settle Disputes*
(Cambridge: Harvard University Press, 1991); Gad Barzilai, *Communities and Law:
Politics and Cultures of Legal Identity* (Ann Arbor: University of Michigan Press, 2003).

tancial del material académico. Existe una esfera pública constituida a partir de la discusión de la existencia de una esfera pública.[32] Mi trabajo pretende cuestionar hasta qué punto existe una «esfera pública». Alguno de los trabajos más interesantes, al menos de hace unos pocos años, plantearon que, realmente, no había una sino varias esferas públicas. Habían sido críticos del «arraigado monolingüismo» en los conceptos liberales derivados de la Revolución francesa, desde luego, pero también de la Revolución americana. Las discusiones sobre la esfera pública representan una forma más grande y compleja de plantear las consecuencias del humor. Aunque consolidan la talla del humorista, quien puede ser una figura de considerable poder e influencia, pueden debilitar otras fuerzas de dominación.[33]

El Secretario Ridge presentó su dimisión después de las elecciones de noviembre de 2004. El presidente estadounidense George W. Bush hizo el 11 de enero de 2005 su segundo intento de nombrar un substituto para el primer Secretario de la Seguridad Nacional, Tom Ridge.[34] Así fue que propuso la candidatura de Michael Chertoff. Una de las cualidades de este candidato, como Bush dejó claro desde el principio, era que Chertoff había pasado con éxito por el proceso de confirmación del Senado en

32. Jacqueline Urla, «Outlaw Language: Creating Alternative Public Spheres in Basque Free Radio», *The Politics of Culture in the Shadow of Capital;* Lisa Lowe y David Lloyd, eds. (Durham: Duke University Press, 1997); véase, además, Oskar Negt y Alexander Kluge, *The Public Sphere and Experience* (Minneapolis: University of Minnesota Press, 1993).

33. Barrington Moore, Jr. *Injustice: The Social Bases of Obedience and Revolt* (NY: M.E. Sharpe, 1978); James C. Scott, *Domination and the Arts of Resistance: Hidden Transcripts* (New Haven: Yale University Press, 1990); Mindie Lazarus-Black y Susan F. Hirsch, *Contested States: Law, Hegemony and Resistance* (NY: Routledge, 1994); Aristide R. Zolberg, «Moments of Madness», *Politics and Society* 2 (2): 183-207 (1972).

34. La primera propuesta, la del antiguo comisario de Policía de Nueva York y protegido del alcalde de Nueva York Rudolf Giuliani, Bernard Kerik, no prosperó pues el candidato acabó renunciando tras el descubrimiento de algunas irregularidades legales y sociales en sus antecedentes.

tres ocasiones. Fue confirmado un mes después, el 15 de febrero de 2005, por una votación de 98 a 0.[35] En el procedimiento de su nominación y en el del fracaso de quien le precedió, los códigos de color fueron tratados como causa de vergüenza administrativa. Mi impresión es que no oiremos mucho más sobre las alertas de color como política de Seguridad Nacional en los Estados Unidos. En su lugar tendremos otros intentos incluso más fervorosos y belicosos para manejar la amenaza del terror con poca o nula atención a sus causas. En Estados Unidos, el aparato de Seguridad Nacional continuará probablemente creciendo como si compitiera con un aparato de Defensa, pero con un nombre igualmente equivocado. Su Director, no especialmente fotogénico, es probable que se desvanezca en el fondo a favor de otras figuras más coloridas.

Lo más fascinante, particularmente evidente en Europa en la actualidad, es el nuevo código de color que ha emergido desde las elecciones de noviembre de 2004. Se trata del código de color del gobierno Bush, concretamente de la oficina encargada de imponer el cumplimiento de la ley, la Oficina del Fiscal General, ocupada desde principios de febrero de 2005 por Alberto R. Gon-

---

35. Los temas sacados por los senadores demócratas sobre la participación de Chertoff en la política de interrogatorios no se materializaron después de que él admitiera ante las sesiones que pensaba que la tortura estaba mal.

zales[36] y el puesto de Secretario de Estado, ocupado por Condoleeza Rice.

Aquí, en lugar de un esquema de color simple de los códigos de Ridge, tenemos un código más complejo y penetrante de raza y etnicidad en los Estados Unidos. Por ejemplo, en el caso de Gonzales, su origen hispano fue mucho más importante en su nominación que su contribución a la política de Bush sobre el terror y que su apoyo a una de sus peores ofensas, la política de tortura. La aparición de la Secretaría de Estado estadounidense como una expresión radicalizada de los códigos de color de una nueva política de «Seguridad Nacional» se hizo evidente en febrero de 2005. La Secretaria Condoleeza Rice personifica la promesa de oportunidades y de la consecución de logros espectaculares que están entre las mejores cualidades que ofrecen los Estados Unidos. Como líder de la política exterior norteamericana y como alguien profundamente identificado con la Guerra al Terror, la Secretaria Rice sustituye los viejos códigos de color por el más sutil color de la raza, aquí suavizado por el género, como la cara de la seguridad nacional. Aunque ella seguirá lanzando políticas que traerán consecuencias desastrosas, algunas de las características torpes y tontas de los códigos de color serán substituidas por lo que un comentarista europeo llamó combinación de «inteligencia, belleza y exotismo».[37] ¿Qué posibilidades tiene el humor aquí?

Es evidente que el humor constituye una parte radiante de la arena pública. En Estados Unidos el humor es una manera de hacerse oír en un clima altamente reac-

---

36. Juró el cargo el 3 de febrero de 2005; Gonzales fue conocido durante el tiempo que fue abogado del Presidente por su apoyo a la tortura como instrumento de la política del gobierno.

37. Giuliano Ferrara, «La fascinacion de la "doctora Rice"», *Panorama*, Milán, 17 febrero, 2005. Reimpreso en *La Vanguardia*, 21 febrero, 2005, p. 38. Ferrara dice que Rice tiene una «fuerza exótica» relacionada con la raza, el sexo y (seguro que de interés aquí) sus antecedentes académicos.

cionario. Uno se encuentra con que ha surgido un humor sobre este tema de color mucho más complejo, al menos en Europa.

Para traducir el contenido de este cuadro del inglés de Reino Unido al de Estados Unidos, el humor tendría que negociar el espacio tenue que en los Estados Unidos existe entre el comentario racial y el racista.

OBSESIÓN *SECURITARIA* E ILEGALISMOS POPULARES EN FRANCIA, DESDE PRINCIPIOS DE 1980*

Laurent Bonelli
(Universitè Paris X, Nanterre)

> Ca devient de plus en plus dur, il y a un képi pour une casquette.
>
> IAM, «Independenza», *L'école du micro d'argent*, Delabel production 1997.

«La explosión» de inseguridad en las barriadas francesas se ha convertido en un tema inevitable de debate político, electoral y mediático. Los discursos inquietantes o alarmistas, los *dossieres* especiales y los reportajes espectaculares se suceden y se multiplican relegando a un segundo plano secciones enteras de la actualidad social y política del país. Analistas, «expertos» y ensayistas de la seguridad profetizan sobre un fondo cartográfico de la delincuencia, la configuración de zonas de «no-derecho» en manos de delincuentes cada vez más jóvenes, más reincidentes y más violentos, mientras que los diferentes partidos políticos, de todas las tendencias, invocan la «demanda de seguridad» de sus electores para reclamar una acción más enérgica de la policía y de la justicia. Desde mediados de los años de 1990, la seguridad urbana se ha convertido así en una de las principales prioridades de los diferentes gobiernos a las que les destinan importantes recursos materiales y legislativos.

---

* Traducción por Cristina Fernández Bessa y Gemma Ubasart González.

Para comprender esta extraordinaria inflación del tema de la seguridad en nuestra sociedad, es importante analizar la *configuración* —como la entendió Norbert Elias—[1] en la cual toma sentido, es decir, se debe resituar el conjunto de las cadenas de interdependencia que conectan entre ellos a múltiples agentes sociales pertenecientes a universos tan diferentes, como la policía, la política, la prensa, la universidad, la empresa, etc. Esto implica, por lo tanto, sacar a la luz los equilibrios fluctuantes de las tensiones y relaciones de poder entre estos distintos protagonistas, haciendo hincapié en su historicidad y en las visiones del mundo que vehiculan. En efecto, un «problema social» no existe por sí mismo: para llegar a este estatus tiene que haber un verdadero trabajo social. Toda transformación social no se convierte en un problema social y hace visible una situación particular, sino que implica la acción de grupos socialmente interesados en producir una nueva categoría de percepción del mundo social con el fin de actuar sobre este último.[2] Esto equivale a decir que a los cambios objetivos, sin los cuales el problema no se plantearía, se añade un trabajo específico de enunciación y formulaciones públicas, es decir, una empresa de movilización que cada vez hay que cuestionar y sacar a la luz. Es lo que me propongo hacer aquí, relacionando las transformaciones morfológicas de los barrios populares franceses con las evoluciones de los métodos de percepción de la «violencia» de los adolescentes de estos barrios y los efectos de los esfuerzos cada vez mayores que realiza la policía para la resolución de tales «desórdenes urbanos».

---

1. N. Elias, *Qu'est-ce que la sociologie?*, París, Ed. de l'aube, 1991, pp. 154 y ss.
2. P. Bourdieu, J.-C. Chamboredon y J.-C. Passeron, *Le métier de sociologue*, París, Mouton 1983.

Degradación social y desafiliación

La expresión «barrios populares» hace esencialmente referencia a grandes conjuntos de las periferias urbanas llamados en Francia *«banlieues»* y, en menor medida, a los antiguos barrios obreros que se encuentran en el centro de grandes ciudades.

Estos barrios han conocido grandes evoluciones desde la década de 1960 hasta hoy. Construidos entre 1950 y 1970, estas grandes urbanizaciones de nombres sugerentes como «ciudad de las 4.000» (por las 4.000 viviendas que contiene) en la Courneuve, «ciudad de las 3.000» en Aulnay sous Bois, etc., tenían por objeto establecer una respuesta racional y planeada a la cuestión del alojamiento y, más ampliamente, al desarrollo urbano. Estaban destinados a reabsorber las barracas, numerosas en esta época, a mejorar la condición de las familias «modestas» y acercar a los trabajadores a sus fábricas.[3] Estos esfuerzos «para colocar al pueblo» deben, en efecto, relacionarse con el aumento de los efectivos obreros que pasan de 6.485.000 en 1954 (33,2 % de la población activa) a 8.191.000 en 1975 (37,2 %), con un crecimiento del 1 % por año entre 1954 y 1978. En 1974, la concentración de la mano de obra en las grandes fábricas alcanzó su cumbre, con 2.600.000 empleos de obreros no cualificados de tipo industrial.[4] Si bien la visión retrospectiva de este período tiende a presentarlo como una edad de oro que sin duda no

---

3. Entre 1955 y 1975 se construyeron dos millones de viviendas sociales en Francia. Sobre la evolución de la cuestión del alojamiento desde la Segunda Guerra Mundial, ver J.-P. Flamand, *Loger le peuple: essai sur l'histoire du logement social en France*, La Découverte, París, 1989 y C. Bachmann y N. Le Guennec, *Violences urbaines. Ascension et chute des classes moyennes à travers cinquante ans de politique de la ville*, París, Albin Michel, 1996, sobre todo la tercera parte, 105 y siguientes.

4. B. Seys, «L'évolution de la population active», *INSEE Première* n.° 434, marzo 1996.

fue,[5] el mismo no deja de ser un período de progreso social para muchas familias trabajadoras francesas que podían finalmente acceder a una cierta comodidad (agua corriente, electricidad, etc.) y que parecían tener finalmente un futuro.

La salida progresiva de las familias más acomodadas que acceden a la propiedad, la llegada de familias inmigradas y la precarización de los que permanecen bajo el efecto de la crisis económica modificaron profundamente la morfología social de estos barrios.

En primer lugar, bajo el efecto de las políticas liberales en materia de alojamiento promovidas durante los años de 1970, las capas más favorecidas de estos barrios (principalmente los obreros cualificados [OQ])* los abandonaron progresivamente para construirse chalets en las numerosas urbanizaciones que afloraron en esta época en Francia.[6] Este movimiento, el cual se inscribe en la continuidad de un ascenso social y residencial, es una causa y a la vez una consecuencia de la evolución de las *cités* HLM (viviendas de protección oficial, según sus siglas en francés). Por una parte, la causa de esta despoblación es la llegada de familias inmigradas (sobre todo argelinas y marroquíes), realojadas por los gobiernos civiles.[7] En efecto, a pesar de sus condiciones precarias

---

5. A partir de una investigación en una barriada parisina, Olivier Masclet muestra a la vez las reticencias de las familias trabajadoras para asentarse en estos grandes edificios de pisos y, a la vez, la exclusión de las familias inmigradas que pudieron acceder a los mismos sólo gracias a su abandono y decadencia progresiva. Ver Masclet O., *La gauche et les cités. Enquête sur un rendez-vous manqué*, París, La dispute, 2003.

* OQ se corresponde con la expresión francesa *ouvriers qualifiés*, expresión que se seguirá usando a lo largo del texto. *N.delT.*

6. P. Bourdieu, *Les structures sociales de l'Economie*, París, Seuil, 2000, sobre todo pp. 113 y siguientes.

7. Conviene utilizar las categorías «francés» e «inmigrantes» con prudencia. En efecto, no se basan en categorías objetivas que designan a un grupo social, puesto que responden más bien a un juego constante de luchas, dentro y fuera del grupo. Además, tienden a incorporar bajo una misma etiqueta situaciones sociales,

de vivienda, en las décadas de 1970-1980, estas poblaciones quedaban en gran parte excluidas del acceso al parque de viviendas sociales. Sólo gracias a una política gubernamental voluntarista acabarían accediendo a las mismas, acelerando así la salida de los obreros cualificados y de las clases medias: los edificios que se vacían son los primeros en ser utilizados para su realojamiento. Por otro lado, las consecuencias —sobre todo económicas— del vaciamiento de edificios provocado por estas salidas, empujaría a los arrendadores sociales (privados o municipales) a abrir el parque de viviendas de protección oficial a familias que hasta entonces las habían rechazado. De esta forma se contribuyó a modificar la composición social y comunitaria de estos barrios, precipitando así la salida de ellas y reforzando la concentración.[8]

En el mismo período, la crisis económica afectó duramente los empleos industriales (especialmente a los no cualificados) que ocupaban la mayoría de los habitantes de estas zonas: las empresas hicieron importantes esfuerzos de automatización y las fábricas consumidoras de mano de obra poco cualificada fueron suplantadas

---

estatus y condiciones heterogéneas, que oponen a los individuos en lugar de unirlos. Lo mismo sucede con las representaciones estadísticas del Estado, las que lejos de neutralizarse utilizan preconceptos que no se pueden ignorar cuando se trata de distinguir estadísticamente quién forma parte de la comunidad nacional y quién no. No obstante, en ausencia de indicadores alternativos, es sobre estas taxonomías que se basan los distintos datos sociomorfológicos sobre los «inmigrantes» utilizados *infra*. Para el INSEE, *se considera como inmigrada toda persona que reside en Francia que haya nacido en el extranjero y que se declara de nacionalidad extranjera o francesa por adquisición*. En 1999, la población inmigrada de 15 años o más era de 3.800.000. Cerca del 30 % de ellos tomaron la nacionalidad francesa. (S. Thave, «L'emploi des immigrés en 1999», *INSEE Première* n.º 717, mayo 2000).

8. En 1996, el parque de viviendas de protección oficial acoge cerca de una familia inmigrada sobre tres (una de cada dos para los inmigrantes originarios del Magreb), contra menos de uno sobre seis para el conjunto de los núcleos familiares. J. Boëldieu y S. Thave, «Le logement des immigrés en 1996», *INSEE Première* n.º 730, agosto 2000.

por las importaciones procedentes de países del sur. Entre 1975 y 1999, el número de obreros no cualificados pasa en el ámbito nacional de 3.840.000 a 2.163.000, lo que representa una reducción del 44 %. Los empleos no cualificados que desaparecen se concentran en la producción industrial. En los sectores del textil, de la confección, de la manipulación de la madera y del trabajo del cuero desaparecieron en veinte años[9] las tres cuartas partes de los puestos de trabajo no cualificados Esta situación afecta especialmente a los inmigrantes. En 1999, se contaba con 2.100.000 inmigrados activos (8,1 % del total de población activa). Mientras que los obreros representan un 26,3 % de la población activa, este porcentaje es del 44,1 % entre los inmigrantes. Llega incluso al 58,2 % para los marroquíes y al 48,7 % para los argelinos. Las proporciones son más elevadas aún en el trabajo obrero no cualificado (9,2 % de la población activa) que ocupa a un 19,1 % de los inmigrados; un 31 % de los marroquíes y un 21,5 % de los argelinos.[10]

Las transformaciones inducidas por el paso a un modelo *postfordista* de producción han desestructurado en profundidad el mundo obrero tradicional. El desempleo masivo y la precarización del empleo no cualificado han hecho retornar una inseguridad y una imprevisibilidad que la llegada de una sociedad salarial (basada en el crecimiento económico y un fuerte Estado social) había reducido en gran medida. Esta desobjetivación del asalariado desestabiliza al mismo tiempo a los trabajadores fijos y crea *desafiliación*.

Ya antes de 1975, el desempleo de los obreros era superior al de las demás categorías sociales. Los obreros sufrían, más directamente que otros asalariados, las con-

9. O. Chardon, «Les transformations de l'emploi non qualifié depuis vingt ans», *INSEE Première* n.° 796, julio 2001.

10. S. Thave, «L'emploi des immigrés en 1999», *op. cit.*

secuencias de las transformaciones del aparato de producción. Con la crisis, el desempleo aumentó mucho, y en particular, el de los trabajadores mayores. Los empleados y los obreros fueron las categorías socioprofesionales más afectadas. En 1999, las tasas de desempleo de estas categorías fueron superiores al 14 %, y para los inmigrantes, superiores al 21 %.

Más tarde, las transformaciones industriales y, en particular, la producción flexible (*stock cero*) extienden el recurso a los trabajadores interinos y temporales. En 1995, un 14 % de los obreros, o sea un 25 % de los obreros no cualificados tenían un contrato de duración limitada: es decir, de interinidad, aprendizaje, contrato de duración determinada o período de prácticas en empresa. La proporción de tales empleos sólo ha sido del 9 % entre el conjunto de los asalariados.[11] En marzo de 2001, el 17 % de los trabajadores por cuenta ajena no cualificados tuvieron contratos temporales, como interinos, o en período de prácticas, contra un 7 % de los asalariados más cualificados. En 1982, las formas particulares de trabajo eran básicamente contratos temporales y sólo representaban un 4 % de los empleos no cualificados. Si los contratos temporales y los de prácticas se extienden de manera bastante uniforme en todas las profesiones no cualificadas, los contratos de interinidad son específicos del mundo obrero. En marzo de 2001, el porcentaje de interinidad sobrepasó a menudo el 10 % en los puestos de obreros no cualificados.[12] Se asistió así, simultáneamente en estos barrios, a una reducción del nivel de actividad (número de gente que cuenta con un empleo) y a una precarización general de los estatus.

Estos fenómenos que modifican radicalmente la estructura social de las clases populares tuvieron también conse-

11. M. Cézard, «Les ouvriers», *INSEE Première* n° 455, mayo 1996.
12. O. Chardon, «Les transformations de l'emploi non qualifié depuis vingt ans», *op. cit.*

cuencias simbólicas: se modificó toda la economía política de signos y esquemas cognitivos que estructuran su relación con el mundo. No se pueden comprender las evoluciones de estos medios sin considerar al mismo tiempo estas dos dimensiones. Esto es especialmente necesario cuando se quiere abordar la cuestión de los *ilegalismos juveniles*.[13] Por un lado, éstos se redefinen bajo el efecto de las transformaciones del acceso al empleo no cualificado, de los modos de reproducción y control precedentes; por el otro, cae el telón de los significados que les cubría (y en particular la idea «que hay ser tolerante con la juventud»).

La «violencia» de grupos de jóvenes de las clases populares no constituye un fenómeno nuevo: baste recordar las agresiones perpetradas por los grupos de «camisas negras» en los años de 1960, o los gamberros de los años de 1970.[14] Sin embargo, mucho se modificaron sus formas de regulación, así como su percepción. En efecto, el vagabundeo por el espacio público propio de estos adolescentes, que se traducía en una serie de comportamientos «desviados» (violencias verbales y físicas, pequeños robos, vandalismo, etc.), acababa rápidamente con su integración en las franjas más descalificadas del proletariado industrial. Y lejos de oponerse a la cultura de la fábrica, los valores de los cuales eran portadores (virilidad, violencia, antiautoritarismo, etc.) encontraban allí un receptáculo favorable. Baste pensar en la virilidad de los talleres,[15] en la lucha contra el «pequeño jefe», el encargado. Estos valores alimentaban incluso, a veces, la acción sindical y política. Con el paso de los años la inte-

---

13. Sobre este concepto, ver M. Foucault, *Surveiller et punir. La naissance de la prison*, París, Gallimard, 1975, pp. 299 y siguientes.

14. Sobre los comportamientos de estos grupos, ver G. Mauger y C. Fossé-Poliak, «Les loubards», *Actes de la Recherche en Sciences Sociales* n.° 50, noviembre 1983.

15. Ver particularmente P. Willis, «L'école des ouvriers», *Actes de la Recherche en Sciences Sociales* n.° 24, noviembre 1978.

gración profesional venía acompañada del paso a un modo de vida más acorde (sentar cabeza) sin que hubiera realmente ruptura normativa.

En el presente, estos mismos jóvenes ya no pueden introducirse en un mundo totalmente en declive,[16] máxime al no poder ocupar los nuevos empleos infracalificados a los que su falta de cualificación les aboca objetivamente. En efecto, ellos se desenvuelven exclusivamente en el sector servicios.[17] Y si bien es cierto que el trabajo de un cajero de supermercado es un trabajo en cadena, difiere profundamente de este último por la aparición del cliente que impone formas de cortesía y comportamientos «normalizados» (docilidad, cortesía, o incluso deferencia)[18] que se oponen a la cultura de calle. La diferencia sexual en este mercado es por otra parte especialmente manifiesta. Las jóvenes, socializadas de forma distinta y empujadas por el control social familiar ampliado a dejar lo más rápidamente posible la esfera doméstica,[19] adoptan mucho

---

16. Sobre las transformaciones de la estructura del empleo industrial y sus efectos en los adolescentes de los barrios populares, ver M. Pialoux, «Jeunesse sans avenir et travail intérimaire», *Actes de la Recherche en Sciences Sociales*, n.° 26-27, marzo-abril, 1979, pp. 19-47.

17. *En el comercio, empleos poco cualificados acompañaron el desarrollo de la gran distribución: los cajeros, los vendedores en alimentación y los empleados de autoservicio son 273.000 más que hace 20 años [...] En el ámbito del mantenimiento, los empleados de limpieza de oficinas o locales industriales son 117.000 más que en 1982. Asimismo se han incrementado profesiones de agentes de seguridad o vigilancia [...] El desarrollo de la restauración y, en particular, de la restauración rápida benefició a los empleos de camareros, ayudantes de cocineros o lavaplatos, que aumentaron en más de un 25 %. En total, las profesiones no cualificadas en desarrollo vieron sus efectivos. progresar de un millón en 20 años. En 2001, estos empleos representan la mitad del trabajo no cualificado, contra menos de un tercio en 1982.* O. Chardon, «Les transformations de l'emploi non qualifié depuis vingt ans», *op. cit.*

18. Los trabajos que llevó a cabo Philippe Bourgois sobre los distribuidores de *crack* en Nueva York son muy clarificadores para comprender cómo estas normas y estos valores se oponen en todos los puntos a los que tienen curso en los nuevos empleos descalificados. Ver P. Bourgois, *En quête de respect. Le crack à New York*, París, Seuil, 2001, 327 páginas, especialmente los capítulos 4 y 5.

19. Los jóvenes de las familias inmigradas alojadas en HLM dejan tarde el hogar parental: un 48 % de los jóvenes de 20 a 34 años viven aún con sus padres, o

más de buen grado estas maneras de ser, cuales son las que les permiten conseguir mejores éxitos escolares y profesionales que sus homólogos masculinos. En este contexto de competencia entre los grupos por la ocupación de estos empleos no cualificados, los jóvenes varones, portadores de valores que funcionan como un verdadero estigma social, están particularmente desaventajados.

Al mismo tiempo, la masificación de la enseñanza en Francia ha prolongado la permanencia en el sistema escolar de los grupos sociales que habrían sido excluidos del mismo. Al descartarlos temporalmente de las actividades productivas y así alejarlos del mundo del trabajo, la escuela rompe la naturalidad de la reproducción obrera basada en la adaptación anticipada a las posiciones subalternas, y los inclina al rechazo del trabajo manual y de la condición obrera.[20] Los adolescentes de los barrios marginales permanecen pues en la escuela a pesar de estar destinados, debido a su falta de capital cultural, a un fracaso escolar casi seguro. El *hiato* entre el futuro posible (alimentado por los discursos sobre la «democratización escolar») y el futuro probable (del que tienen directa o indirectamente experiencia) mina los fundamentos de la autoridad de los profesores. Esta *ilusión promocional*, de la que hablan Sandrine Garcia y Franck Poupeau, es decir, el discurso destinado a hacer recaer sobre la escuela las esperanzas de promoción social, vuelve en efecto la escuela detestable a los ojos de los que esperan de ella lo que no puede proporcionarles (o sólo en poca medida): un trabajo, un lugar en la sociedad, una identidad social. La autonomía relativa del sis-

---

sea dos veces más que la media. J. Boëldieu y S. Thave, «Le logement des immigrés en 1996», *op. cit.*

20. Sobre este tema, ver S. Beaud y M. Pialoux, *Retour sur la condition ouvrière*, París, Fayard, 1999, especialmente la segunda parte, «Le salut par l'école», y C. Grignon, *L'ordre des choses. Les fonctions sociales de l'enseignement technique*, París, Editions de Minuit, 1971.

tema educativo no implica en efecto que pueda erradicar desigualdades puesto que no hace más que reproducirlas en el ámbito escolar.[21] Esta ilusión decepcionada se ha traducido en una banalización de violencias concretas y diarias —especialmente en las escuelas— que explica que maestros, verdaderamente desbordados en su trabajo, sean receptivos a formas de apoyo, concretamente policial, que antes rechazaban.

Excluidos o a punto de serlo en el mundo escolar, excedentes de un mercado laboral en el que participan con intermitencia, una franja importante de estos adolescentes constituye el colectivo que Robert Castel llama los *desafiliados*, esos *inútiles para el mundo, que lo habitan pero sin pertenecer realmente a él. Ocupan una posición de excedentes, en situación de flotación dentro de una especie de no* man's land *social, sin integrar y sin duda in-integrables* [...]. *No están conectados con los circuitos de intercambio productivo, han perdido el tren de la modernización y se quedan en el andén con muy poco equipaje.*[22]

Ellos procuran reafirmarse —por tiempo y según modalidades variables— en un grupo de iguales con quienes comparten la misma indignidad social, cultural y profesional. El grupo les protege de este modo de las llamadas al orden efectuadas por las distintas instituciones (escuela, instituciones locales, etc.), por los otros adolescentes (los que tienen un trabajo, éxito escolar) o por las chicas jóvenes (que la escolarización prolongada *vuelve más sensibles a la seducción que ejerce la posesión de capital cultural y/o de capital económico distrayéndolas de los encantos «naturales» de la fuerza física y la virili-*

21. F. Poupeau, «Professeurs en grève», *Actes de la Recherche en Sciences Sociales*, n.º 136-137, marzo 2002, pp. 83-94, y S. Garcia y F. Poupeau, «Violences scolaires: la faute à l'école?», en L. Bonelli y G. Sainati (dir.), *La machine à punir. Pratiques et discours sécuritaires*, París, L'Esprit frappeur, 2001, pp. 125-126.

22. R. Castel, *Les métamorphoses de la question sociale. Une chronique du salariat*, París, Gallimard, 1999, pp. 665-666.

dad).[23] Asimismo, estos jóvenes se construyen una identidad hecha de valores y normas comunes (musicales, de indumentaria, lingüísticas, culturales)[24] que enfatiza las solidaridades espaciales (más que comunitarias) en torno al barrio, e incluso al propio edificio en el que viven. Estas socializaciones en movimiento dibujan un mundo de callejeo muy limitado, dando vueltas por el mismo sitio, de aburrimiento (omnipresente en las canciones de rap), de «matar el rato», de las anécdotas explicadas cien veces, deformadas y amplificadas, de los rumores, pero también el de una conciencia de la injusticia alimentada por el racismo, los repetidos controles policiales, la humillación de los padres, etc. Tal como ocurre con los subproletarios argelinos descritos por Pierre Bourdieu, la relación con el tiempo de estos adolescentes o jóvenes adultos es el de la inmediatez y del «arreglo cotidiano»:[25] contratos de interinidad (en la construcción, el mantenimiento, la seguridad, etc.); trabajo en negro y *business*, término bastante borroso que incluye un conjunto de acciones que van desde el intercambio no comercial de bienes por servicios, al pequeño *deal*, o al encubrimiento. Todas estas prácticas son a la vez prácticas subalternas (en particular, porque son definidas en negativo y tienden a funcionar sobre la inversión del estigma) y parcialmente autónomas en el sentido que constituyen intentos incesantemente rei-

23. G. Mauger, «La reproduction des milieux populaires en "crise"», *Ville-Ecole-Intégration* n.° 113, 1998.

24. D. Lepoutre, *Cœur de banlieue. Codes rites et langages*, París, Odile Jacob, 1997.

25. *Como ellos no pueden disfrutar del mínimo de seguridad respecto al presente y al futuro inmediato que proporcionan un empleo fijo y un salario regular, el desempleo, el empleo intermitente y el trabajo como una simple ocupación impiden cualquier esfuerzo por racionalizar la conducta económica en referencia a un objetivo futuro y encierran la existencia en la obsesión por el día de mañana, es decir, en la fascinación por lo inmediato.* P. Bourdieu, «Les sous prolétaires algériens», *Agone* n.° 26/27, 2002, p. 205 [*Les temps modernes*, diciembre 1962].

terados para salvar simbólicamente su honor, o ganarse el *respeto*.[26]

En unos medios populares que actualmente se encuentran atravesados por competiciones y competencias para el acceso a recursos escasos —el trabajo no cualificado, el alojamiento, las ayudas sociales, etc.— que aumentan las tensiones, estos comportamientos chocan frontalmente con los sistemas normativos de los obreros precarizados y «presos» en las «barriadas» donde estos jóvenes encarnan de manera especialmente visible —y ruidosa— la decadencia colectiva.[27] La ocupación permanente del espacio público que Norbert Elias y John L. Scotson llaman *la minoría de los peores*,[28] recuerda a cada instante la pérdida de estatus social y del orgullo obrero correspondiente, vestigios de un mundo industrial en declive. Todo ello genera un repliegue en el espacio doméstico y un malestar profundo que los encuestadores registrarán de manera sesgada como «sentimiento de inseguridad». Este malestar se acentúa con la desaparición simbólica del colectivo obrero como grupo más o menos unificado y dotado de portavoz. En efecto, la individualización de la condición salarial, al deshacer estructuralmente a este grupo, destruyó las dinámicas colectivas asentadas sobre el principio de su existencia política.[29]

26. P. Bourgois, *En quête de respect, op. cit.*

27. S. Beaud, «L'école et le quartier», *Critiques sociales* n.° 5-6, 1994, pp. 13-46. Olivier Masclet muestra por su parte la «deshonra», la «vergüenza» de los padres inmigrados argelinos delante de la desviación de sus hijos: *la detención de los "hijos indignos"* [...] *es el signo insoportable del abismo que aumentó entre ellos, entre obreros estables y subproletarios, entre «obreros respetables» y «jóvenes sin futuro.* O. Masclet, «Les parents immigrés pris au piège de la cité», *Cultures & Conflits* n.° 46, 2002, pp. 147-173.

28. N. Elias y J.L. Scotson, *Les logiques de l'exclusion*, Fayard, París, 1997 [1965], pp. 158 y siguientes.

29. E.P. Thompson, *La formation de la classe ouvrière anglaise*, París, Gallimard-Seuil, 1988 [1963].

(Des)politizaciones populares

La observación de los resultados electorales en los barrios populares franceses evidencia un desinterés cada vez más marcado por las contiendas políticas. Dan prueba de ello las tasas masivas de abstención que se observan y que se alejan significativamente de las medias locales o nacionales. Henri Rey pone de manifiesto en un estudio realizado en 32 barrios de la ciudad que las tasas de abstención son del 52,1 % de media, lo que representa 20 puntos más que la media.[30] Algunos barrios de Seine Saint-Denis sobrepasan el 70 % de abstención, al cual es necesario añadir del 20 al 30 % de extranjeros no comunitarios que no tienen el derecho de voto y un buen número de no inscritos en los padrones electorales.

Sería ambicioso querer elaborar aquí un análisis exhaustivo de la politización popular, algo que plantea problemas epistemológicos[31] (¿qué es un comportamiento «político»?) y que requeriría un estudio específico. Me limitaré pues a apuntar algunas pistas relacionadas con las transformaciones morfológicas y sociales que he descrito. Abordaré sucesivamente la militancia comunista, la participación de la primera generación de inmigrantes en la política y la relación de los jóvenes sin futuro con las distintas posiciones políticas.

El Partido Comunista Francés (PCF) sacó su fuerza durante mucho tiempo de la cadena de estructuras de organización, la que discurría desde la vida más cotidiana de los medios populares (en los edificios, los barrios, las fábricas, etc.) hasta las instancias de poder locales (ayuntamientos) o nacionales (Parlamento). Esta articu-

---

30. H. Rey, *Etude pour le compte de la délégation interministérielle à la ville, rapport dactylographié*, 2001.
31. Sobre este tema ver G. Mauger, «La politique des bandes», *Politix* n.° 14, 1991.

lación garantizaba una transmutación de hechos sociales (vinculados a la experiencia cotidiana) en hechos políticos. Además, al promover cuadros obreros, ofreció durante mucho tiempo la imagen de unidad representantes/representados que le permitió reivindicar con cierto éxito el estatuto de «partido de la clase obrera», especialmente bien asentado en los bastiones industriales del país.[32] El desempleo masivo por una parte, la individualización y la precarización de los estatus por la otra, afectaron duramente al PCF, en el mismo momento en que su clientela privilegiada (los obreros cualificados) dejó los barrios HLM para irse a vivir a chalets. Debilitados en sus feudos tradicionales, al tiempo que se incrementaron los disturbios (en Vaulx en Velin, por ejemplo), los comunistas se encerraron en la defensa de quienes se encontraban más próximos a la identidad de clase que defienden, es decir, los obreros con estatus (a menudo franceses), contra los jóvenes sin futuro profesional (a menudo de origen extranjero). Este *hiato* bloqueará la integración de jóvenes cuadros salidos de las *cités* (y concretamente del mundo asociativo) en el partido.[33] La consecuencia ha sido una división entre comunistas y jóvenes de los barrios, la que, en el mejor de los casos, se traduce en indiferencia, y en el peor, en hostilidad. Como destacaba un miembro del comité nacional del PCF:

> Antes tampoco entendíamos a los gamberros pero, puesto que siempre había uno o dos que pegaban carteles para nosotros, al menos eran conscientes de que estábamos de su lado. Hoy ya no es así. Para estos jóvenes ya no representamos nada. [Entrevista, marzo de 2002.]

---

32. Ver concretamente B. Pudal, *Prendre parti. Pour une sociologie historique du PCF*, París, Presses de Science-Po, 1989.

33. Es el fallido encuentro entre el PCF y los jóvenes de las *cités* que describe de manera muy detallada Olivier Masclet, *La gauche et les cités, op. cit.*

El Partido que durante mucho tiempo había funcionado como una instancia de socialización política de los medios populares ya no cumple con este papel en las *cités* periféricas francesas.

Las relaciones que mantienen los inmigrantes magrebíes con la política también se han transformado profundamente, como consecuencia de las reconversiones industriales y de su asentamiento estable en Francia. Para las primeras generaciones, excluidas de la participación en el juego político francés, esta relación permanecía esquemáticamente estructurada en torno a dos polos: la política del país de origen y las luchas sociales en las fábricas o los hogares. El interés de los trabajadores inmigrados por la política en su país de origen estaba relacionado con las luchas por la independencia (FLN argelino, por ejemplo) y con la perspectiva de retorno al país. A medida que se aleja la perspectiva del retorno[34] y que se apagan los fuegos de la descolonización, este interés se esfumó poco a poco, al igual que la fuerza de las organizaciones que lo sostenían. El segundo polo de politización de los trabajadores inmigrados en Francia se estructuró con base en los conflictos sociales y sindicales. Su concentración en los peldaños más bajos de la escala social (como OS) los fragilizó. Fueron las primeras víctimas de las reconversiones que les privaron de su trabajo y vieron al mismo tiempo cómo se esfumaba la frágil solidaridad de los trabajadores franceses, con quienes entran en competencia, en este período de escasez de empleo. Las grandes huelgas del OS de las fábricas Peugeot y Citröen, entre 1982 y 1984, y la posición más que ambigua de la CGT* en estos conflictos, ilustran bien este fenómeno.

---

34. A. Sayad, *La double absence. Des illusions de l'émigré aux souffrances de l'immigré*, París, Seuil, 1999, 439 páginas.

* Confederation Génerale du Travail.

La socialización política de sus hijos va a emprender otros caminos que los del sindicalismo obrero, la militancia comunista o las luchas de liberación. Sin estatus en el mundo del trabajo (interinos de por vida, jóvenes que no han trabajado nunca, etc.), precarizados en el mundo industrial (CDD, rotación rápida de un puesto a otro, cambios de horarios), estos jóvenes difícilmente pueden conocer una inserción sindical de tipo tradicional. Hacen falta situaciones muy especiales (como la huelga de los trabajadores de Mc Donald en París en 2002) para que accedan a este universo reivindicativo, con sus reglas y sus códigos. Lo mismo sucede en el universo político formal. Distantes, como hemos visto, del partido comunista, no por ello se acercan más a sus adversarios. El carácter alejado y abstracto de lo que está en juego, la ausencia de militantes conocidos y reconocidos en su barrio no permiten cambiar su sentimiento de incompetencia política colectiva, lo que se traduce, en la mayoría de los casos, en una posición de retirada, de indiferencia, o incluso de desconfianza. La intervención de un joven de Dammarie-les-Lys en un foro sobre violencia policial organizado por militantes de asociaciones, sindicales y políticas, unas semanas después de las elecciones presidenciales de 2002, describe muy bien esta fractura:

> *Como hemos podido ver en las elecciones, nos hemos encontrado con Chirac y Le Pen y hemos visto, ¡euh! —¿no los hay entre vosotros, eh?— «¡vota Chirac!», […] ¡Qué carajo me importa a mí… Le Pen!, no es él quien nos ha hecho daño. Le Pen, nunca ha estado en el gobierno, ¿no? ¿Por qué las asociaciones como el MRAP, y toda la peña, o SOS racismo, nos dicen «si, la derecha es mejor que la izquierda o la izquierda es mejor que…»? ¡La izquierda nos ha hecho tanto daño como la derecha! […] Y ya está. Es así… Pues hay 300.000 personas en la calle para que votemos a Chirac. Nosotros no éramos partidarios de estas manifestaciones. Nosotros no aceptamos ver a estudiantes o a jóvenes de los barrios ir a manifestarse porque Le Pen ha llegado a la segunda*

vuelta. Lo siento, ve a manifestarte antes por tus hermanos que han matado en nuestros barrios, ve a manifestarte porque en nuestros barrios somos nosotros quienes vivimos en la miseria, no ellos. [...] Me la suda a mí que Chirac esté en el poder. Le Pen a mí no me ha hecho ningún daño. Para mí, Le Pen, incluso, y aunque esto no guste a algunos, puede ir al poder. ¿Acaso Sarkozy[35] es mejor que Le Pen? ¡Seguro! [silbidos] ¡¡¡Todos habéis votado a Chirac!!! Pero para nosotros ¿sabéis qué es lo que habéis votado? en Dammarie-les-Lys, nosotros, desde 1997, tenemos tres muertos [por actuaciones policiales NDA*]. En 1997, estaba la izquierda en el poder, hoy está Sarkozy. Le Pen, ¡él no estaba en el poder! ¡Le Pen no estaba en el Ministerio de Interior! Bueno pues, nosotros estamos contra esto.

Numerosos son, por otra parte, los que no se inscriben en los padrones electorales. En definitiva, pocos adolescentes de segunda generación están al tanto de las luchas políticas que sacuden los países de sus padres. Es lo que explica su escasa atracción hacia los grupos de oposición que puedan existir en Francia, y especialmente los grupos radicales.[36] Las dificultades que tienen, por ejemplo, para hablar de la situación argelina explican parcialmente el desplazamiento del compromiso —en particular, entre las jóvenes— hacia la cuestión palestina. La solidaridad con los palestinos —que se traduce en la creación de Comités, la organización de debates, exposiciones, manifestaciones— se explica, además del trabajo de los activistas, por un sentimiento difuso de identificación con la situación de los palestinos allí y los jóvenes inmigrantes aquí: discriminación, racismo, choques repetidos con las fuerzas del orden, etc. Estos últimos elementos son básicos para comprender las movilizaciones que se observan

---

35. Ministro de Interior del gobierno Raffarin (derecha).

* NDA: Tipo de actuación de la policía francesa. *N. del T.*

36. Khaled Kelkal, un joven de Vaulx en Velin implicado en los atentados de 1995 en Francia, constituye desde este punto de vista una excepción debida a la fuerte implicación de su familia en las cuestiones argelinas. Su padre era en este período imán en Argelia y muy comprometido con el Islam político.

desde hace veinte años en estos barrios. En efecto, fue en torno a estos distintos temas, los cuales remiten a cuestiones de policía y justicia, cuando se organizaron las mayores manifestaciones políticas de estas poblaciones.

De la marcha por la igualdad y contra el racismo (1983), a la creación de los jóvenes árabes de Lyon y periferias (JALB, según su denominación en francés), o al movimiento de inmigración y periferias (MIB, según su denominación en francés), los «errores» policiales, los crímenes racistas, la doble pena o los suicidios en prisión fueron el denominador común del compromiso.[37] Esto no tiene nada de sorprendente, la militancia en el medio popular se basa en la experiencia diaria antes que en cuadros abstractos. Esta relación de la política de adolescentes o jóvenes adultos no encuentra sino raramente salidas en las arenas de la política, pues no comparten ni la lengua, ni los principios de visión y división del mundo. La relación que se establece entonces entre profesionales y profanos se asienta al mismo tiempo sobre una negación de la política para las movilizaciones que ponen en entredicho de forma más radical las reglas del juego o las separaciones legítimas, y sobre la valorización de las iniciativas más conformistas. Las movilizaciones contra las violencias policiales, por ejemplo, generalmente se remiten a registros explicativos emocionales o instrumentales,[38] mientras que aquellas contra la «violencia», suelen encontrar un eco favora-

---

37. Para antecedentes, ver M.H. Abdallah, *J'y suis, j'y reste! luttes de l'immigration en France depuis les années 60*, París, Reflex, 2001, 160 p.

38. El Prefecto de región comentaba así los movimientos posteriores al fallecimiento de un adolescente, muerto por un policía en Toulouse en diciembre de 1998: *Estos alborotadores tienen relación con las 19 personas que hemos detenido recientemente por atraco en comercios. Más allá de la emoción legítima experimentada después de la muerte del joven Habib, se puede ver en los movimientos del Mirail una reacción a estas detenciones que no gustaron ciertamente a todo el mundo, frenando todas clases de tráficos. La Croix*, 18 diciembre de 1999. Sobre la actitud de la municipalidad y de la comisaría en la movilización de un barrio de Dammarie-les-Lys durante el verano de 2002, alrededor de la asociación *Bouge qui bouge* y del *Mouvement de l'Immigration et des Banlieues (MIB)*, véase *Vacarme* n.° 21, otoño 2002.

ble en el ámbito institucional.[39] Pero esta denegación de la política sobrepasa ampliamente la esfera de las autoridades locales y se encuentra con la misma intensidad en los grupos o partidos que deberían ser objetivamente los más próximos a estas poblaciones. Al no compartir ni el vocabulario, ni las temáticas, ni los registros de acción, ni la misma historia de lucha de la extrema izquierda, las movilizaciones de estos barrios se atribuyen a lo infrapolítico, a la espontaneidad o, peor, al «comunitarismo». Los fracasos repetidos de los movimientos de extrema izquierda para realizar acciones autónomas en estos barrios, así como sus reticencias a comprometerse en una lucha al lado de asociaciones confesionales, muestran cuánto las economías simbólicas que estructuran estas militancias son diferentes, y la comunicación difícil.

Los recientes debates en torno a la participación en el foro social europeo de Saint-Denis de asociaciones como los jóvenes musulmanes de Francia, o las peleas respecto al apoyo a las jóvenes con velo, excluidas de los centros escolares, revelan claramente este malestar.

El hundimiento de las estructuras de representación de los medios populares, su desinterés creciente por la política institucional y la descalificación en el espacio

---

39. El ejemplo del movimientos *Stop la violence*, iniciado tras la muerte de Stéphane Coulibaly en Bouffémont, en el Val d'Oise, el 14 de enero de 1999, es emblemático. Iniciado por voluntad de un conjunto de adolescentes que querían restablecer la imagen de su camarada, presentado en los medios de comunicación como un delincuente, este movimiento —descrito desde el primer momento por un periodista de *Nova* y un edil socialista (David Assouline, regidor del distrito XX de París)— conocerá un rápido reconocimiento de los poderes públicos y de los media. Basado en un manifiesto condenando «la violencia de las barriadas», corresponde perfectamente en el fondo y las formas con las categorías pertinentes del momento en el juego político. Emisiones especiales tienen lugar en la radio, Canal+ filma un documental, difundido en mayo, y sobre todo, algunos representantes son invitados con gran refuerzo publicitario a los *Rencontres nationales des acteurs de la prévention de la délinquance* a Montpellier, en marzo 1999. El ministro de la Ciudad, Claude Bartolone los recibió, mientras que Jean-Pierre Chevènement, ministro del Interior, les envió un mensaje de apoyo, antes de dar consignas a los comisarios para favorecer el desarrollo de los grupos locales.

político legítimo de sus luchas, constituyen factores clave para comprender la evolución de las categorías de remoción pública de la vida cotidiana de las *cités* y el deslizamiento hacia una concepción *securitaria* de las relaciones sociales. En efecto, tales factores convierten estos universos en unos universos-objeto, es decir, universos que ya no tienen capacidad de producir —con una oportunidad mínima de éxito— una representación de ellos mismos en las luchas simbólicas para la división del mundo. Esto deja el campo libre a representaciones (políticas, mediáticas, institucionales, o incluso académicas) fuertemente marcadas por un etnocentrismo social que se ignora.[40] Al analizar alternativamente los medios populares desde la óptica de la «falta», del «déficit», o al contrario, «de la inmoralidad» y de la «peligrosidad», estas representaciones obvian las relaciones de fuerzas que estructuran la producción de normas y pueden así pretender imponerlas mediante el refuerzo del control y de las estructuras de «normalización».

De las causas sociales del crimen a la responsabilidad individual del delincuente

A pesar de lo que pueda parecer a primera vista, no son sólo las transformaciones morfológicas y sociales de los barrios populares las que explican el creciente interés de una parte de la clase política por los «problemas de las barriadas», sino que también se debe tener en cuenta la

---

40. Claude Grignon y Jean-Claude Passeron hablan incluso de racismo de clase, entendido como «certeza consustancial a una clase para monopolizar la definición cultural del ser humano y en consecuencia de los hombres que merecen reconocerse plenamente como tales». Precisan también que esta certeza «ocupa extensos sectores de las clases dominantes, y no inevitablemente más tradicionales o más elitistas». C. Grignon y J.-C. Passeron, *Le savant et le populaire. Misérabilisme et populisme en sociologie et en littérature*, París, Gallimard-Seuil, 1989, p. 32.

evolución de sus modos de tenerlos en cuenta públicamente. Por eso es necesario prestar atención tanto a las
lógicas endógenas del campo político como a las relaciones que este último mantiene con los medios de comunicación y los profesionales de la seguridad.

La atención de los políticos a la cuestión de la delincuencia es reciente. Data de finales de 1970, cuando bajo
la etiqueta de «inseguridad» opera por primera vez
—concretamente, con el informe Peyrefitte—[41] una separación entre el «delito» y el «miedo al delito». Esta ruptura es decisiva en la medida en que la política, si bien no
puede hacer nada contra la delincuencia (que permanece
como responsabilidad exclusiva de la policía y la justicia),
puede actuar sobre el «sentimiento de inseguridad» de
sus administrados. Se trata del punto de partida de la
especialización de ciertos cargos electos y la configuración de este tema como un bien político.

Las persecuciones de automóviles y los enfrentamien-
tos de grupos de jóvenes de Minguettes y de Vénissieux
con la policía, durante el verano de 1981, son frecuente-
mente presentados como la primera manifestación importante del interés de las autoridades públicas por los
problemas de las *cités* periféricas. Las principales medidas tomadas adquieren todo su sentido en un contexto de
alternancia (la victoria de François Mitterrand y de la
izquierda) y de relevo del personal político. Existe consenso sobre la idea de que estos desórdenes son consecuencia de causas sociales, tales como la precariedad, el
desempleo o la degradación física del hábitat popular, por
esto se llevan a cabo políticas de desarrollo social de los
barrios, prevención de la delincuencia, mejoras de las
estructuras sociales y la inserción de los jóvenes. Principalmente se agrupan bajo la etiqueta genérica de Políti-

---

41. Comité de estudios sobre la violencia, la criminalidad y la delincuencia,
Réponses à la violence, París, Presses Pocket, 1977.

cas de la Ciudad, y a finales de la década, darán lugar a la creación de una Delegación Interministerial de la Ciudad (DIV) y de un Ministerio de la Ciudad. Se trata del reflejo de las sensibilidades de una izquierda garante de la libertad, en oposición a una derecha históricamente partidaria de la seguridad.

No obstante, en este período la cuestión urbana no constituía una prioridad para la acción gubernamental y pertenecía solamente a ciertos agentes que se encontraban en una posición de relativa marginación en el seno de las nuevas élites de Estado. Las distintas instituciones de la política de la Ciudad, sus proveedores de fondos (como la Caja de depósitos y consignaciones) y los peritajes que se desarrollaron entonces, atrajeron a agentes provenientes de la nebulosa *modernisatrice*.[42] Estas élites político-administrativas que estuvieron muy implicadas en las transformaciones del Estado durante la posguerra, cuyas figuras más destacadas en política fueron, respectivamente, Pierre Mendès-France y Michel Rocard, llegaron al poder en una situación muy marginal en el seno del partido socialista en relación con otras corrientes, como el CERES por ejemplo.[43] Éstas van a encargarse de los asuntos periféricos de la acción gubernamental y, en particular, de la Ciudad, importando a este terreno sus principios de racionalidad y racionalización del Estado (lógicas de proyecto, territorio, asociación, etc.), lo que desempeñó un papel decisivo en la construcción de categorías cognoscitivas del problema con las que se estructuró ampliamen-

---

42. Para la nebulosa *modernisatrice* y las transformaciones de las formas de decir y de hacer del Estado durante «treinta gloriosos», ver R.F. Kuisel, *Le capitalisme et l'Etat en France. Modernisme et dirigisme au XXème siècle*, París, Gallimard, 1984.

43. El CERES era una corriente de orientación marxista dirigida por Jean-Pierre Chevènement que redactó, en particular, el programa del partido socialista de 1980. Sobre este tema leer las quejas y la amargura expresadas por Sarga July y Michel Marian, en «Surpris, soufflés hors du coup...», *Esprit* n.º 10-11, octubre-noviembre de 1981, pp. 196-210.

te su percepción pública.[44] Estos enfoques tomaron lo contrario de los análisis en términos de dominación e insistieron sobre las «desventajas» individuales de los territorios y la población, *despolitizando* ampliamente este tema y situando así las bases del consenso político posterior. De este modo fue que tales enfoques adquirieron gran importancia a principios de la década de 1990, gracias a la creciente atención prestada por los medios de comunicación a los caldeamientos esporádicos de las barriadas[45] y las transformaciones de las relaciones entre los políticos y los medios de comunicación, en la misión de definición simbólica de los «problemas sociales».[46] Es entonces cuando los desórdenes urbanos acceden a la categoría de bien político, a lo cual se van a oponer los profesionales

44. La obra de Jacques Donzelot y Philippe Estèbe *(L'Etat animateur. Essai sur la polotique de la Ville*, éditions Esprit, 1994) constituye un buen resumen de estas tesis. Sobre la estructuración de las categorías de pensamiento sobre la política de la Ciudad —y sus efectos— ver la tesis de Sylvie Tissot*: Réformer les quartiers. enquête sociologique sur une categorie de l'action publique*, bajo la dirección de Christian Topalov, París, EHESS, 2002.

45. Mientras que las persecuciones de coches de Minguettes sólo habían sido objeto de una columna en *Le Monde, Le Figaro y L'Humanité (Libération* lo silencia), el estallido de violencia del barrio de Mas du Taureau, en Vaulx-en-Velin, de octubre de 1990, dio lugar a 34 reportajes y 9 editoriales en la prensa audiovisual, así como 60 artículos en la prensa. El volumen de los artículos sobre la cuestión del «malestar», del «mal» o «de la crisis» de las barriadas se multiplica y se convierte, por lo tanto, en un «género» periodístico de pleno derecho. Sobre la evolución del tratamiento de estas cuestiones ver a A. Collovald, «Des désordres sociaux à la violence urbaine», *Actes de la Recherche en Sciences Sociales* n.os 136-137, marzo de 2001. Por lo tanto, los medios de comunicación, en particular audiovisuales, desempeñarán un papel importante en la estructuración de la imagen pública del problema, homogeneizando realidades sociales y geográficas (*los banlieues*); la gente (los «jóvenes») y los hechos (las «violencias urbanas», los «motines») de naturalezas muy heterogéneas. Ver P. Champagne, «La construction médiatique des "malaises sociaux"», *Actes de la Recherche en Sciences Sociales* n.° 90, diciembre de 1991, pp. 64-75.

46. Philippe Juhem muestra de este modo «el debilitamiento tendencial de la superioridad de la clase política sobre los periodistas», vinculado a la alternancia política. Ver P. Juhem, *Sos-Racisme, histoire d'une mobilisation «apolítique». Contribution à une analyse des transformations des représentations politiques après 1981*, Tesis en ciencia política, bajo la dirección de Bernard Lacroix, París X-Nanterre, 1998.

de la política. Y, paradójicamente, los beneficios simbólicos ligados a este tema van a escapar de aquellos quienes habían contribuido a hacerlos surgir.

La victoria de los partidos de derecha en 1993 supuso un primer cambio de orientación: los problemas de las barriadas se convirtieron en una cuestión policial y de desarrollo económico. Como indica el primer informe parlamentario sobre la política de la Ciudad, presentado por Gérard Larché, un senador de derechas antes de la alternancia: *no es extraño [...] que la política llamada «de la ciudad», que culpaba a los errores urbanísticos y de equipamiento, cerrando completamente los ojos ante las derivaciones sociales inaceptables, ahogada por la burocracia y preocupada, sobre todo, por sus repercusiones mediáticas, se vea abocada hoy a constatar su fracaso. A fuerza de acusar al hormigón de todos los males, se olvida a menudo a las personas. Sin embargo, sin la responsabilización de los individuos [...] no será posible restaurar el equilibrio —asumida la diferencia— de nuestras ciudades».*[47]

Esta responsabilización del individuo —vinculada al *dogma* conservador— está en el corazón de las medidas gubernamentales: la ley de orientación y programación sobre la seguridad interior (LOPS), adoptada en 1995, tiene por objeto reforzar y endurecer la represión de la pequeña delincuencia, mientras que las distintas medidas de política de la Ciudad hacen hincapié en el desarrollo de la economía (zonas francas, empleos subvencionados, etc.).

La vuelta al poder del partido socialista en junio de 1997 confirmó esta evolución. En las luchas internas de partido, los *modernisateurs* perdieron toda la influencia política que habían conquistado en las décadas de 1980 y 1990 y son otros grupos los que empiezan a encargarse de la cuestión urbana, convertida ya en una cuestión cen-

47. Informe sobre *La politique de la ville*, presentado por Gérard Larché, Senado, sesión 1992-1993, p. 12.

tral. Las luchas políticas indisociablemente vinculadas a luchas transformadoras de lo social y el debilitamiento del papel de estas élites de Estado, fue acompañada por la decadencia de sus concepciones. El enfoque urbano global que defendían cedió lugar a una visión más directamente centrada en la seguridad ciudadana, fijada como segunda prioridad del Gobierno después del empleo. Por otro lado, en el primer Gobierno de Jospin no existió la figura de Ministro de la Ciudad. Éste no será nombrado hasta un año más tarde, en marzo de 1998, y permanecerá condenado a una existencia casi simbólica frente a sus colegas del Ministerio de Interior y Justicia. Los responsables socialistas hacen hincapié, por lo tanto, en la idea que *la primera causa del crimen es el propio criminal*. Para los partidos de izquierda, éste es el fin de la idea de que el crimen responde a causas sociales: *se sabe que la delincuencia no tiene ninguna naturaleza social y que revela la responsabilidad individual de cada uno;* así informaba Christophe Caresche, diputado socialista de París.[48] Estos esquemas presuponen que los adolescentes de los barrios populares habrían hecho la elección fácil, racional y duradera de un sistema de valores «delincuentes» contra el de valores *convencionales*, en que el trabajo ocupa el papel central.

Así, lo importante sería aumentar el castigo para de este modo agravar el costo del acto para el delincuente. Como declaraba Julien Dray, secretario nacional del Partido Socialista encargado de la seguridad, en los encuentros nacionales sobre la seguridad (Evry, 27 de octubre de 2001): *refirámonos, por una vez, a los preceptos de los economistas neoclásicos: para el homo-economicus racional, el precio del posible castigo debe exceder los beneficios esperados del delito.* Estas concepciones hacen hincapié de este modo en la persecución sistemática de todos los delitos e infracciones.

---

48. *Le Parisien*, 31 de octubre de 2001.

Jacques Chirac, Presidente de la República, declaraba: *tenemos cantidad de delincuentes, sobre todo jóvenes delincuentes, que ni siquiera tienen el sentimiento de hacer mal y que agreden sin que ello tenga consecuencias. Es pues indispensable retomar el principio de que toda agresión, todo delito, debe ser sancionado; desde el primer delito.*[49]

La desaparición de las oposiciones derecha/izquierda en la forma de entender los ilegalismos populares y el acento puesto sobre la responsabilidad individual transforman la economía del castigo. Son el fruto de una reestructuración de los procesos disciplinarios previos que valida y autoriza sistemas de conocimientos específicos.

Estos conocimientos, esencialmente de tipo *behaviorista»*, hacen hincapié en los comportamientos «desviados», «antisociales», y sobre las «incivilidades» de los jóvenes de los barrios populares, identificados como la causa de la «inseguridad» y el inicio de «carreras» delincuentes.[50] Fuertemente influidos por los trabajos de J.Q. Wilson y G. Kelling en los Estados Unidos, y, en particular, su teoría de *Broken Windows*[51] (ventanas rotas), hacen hincapié en un *continuum* delincuente, el que partiendo de actos insignificantes conduciría a la comisión de actos mucho más graves, si no son reprimidos a tiempo. Después de haber servido de base a la reforma de *Zero Tolerance* de Rudolph Giuliani en Nueva York y haberse adaptado al Reino Unido con las leyes de *Law and Order* de Tony Blair, estas concepciones se actualizan en Francia de forma particularmente radical en la noción

---

49. Entrevista televisada de Jacques Chirac, presidente de la República, con ocasión de la fiesta nacional, sábado 14 de julio de 2001.

50. Véase, en particular, S. Roché, *Tolérance Zéro? Incivilités et insécurité*, París, Odile Jacob, 2002 «La théorie de la vitre cassée en France. Incivilités et désordres en public», *Revue française de science politique*, vol. 50, n.° 3, junio de 2000, pp. 387-412.

51. J.Q. Wilson y G. Kelling, «Broken Windows: The Police and Neighbourhood Safety», *The Atlantic Monthly*, marzo 1982. Para una traducción en francés, véase *Les Cahiers de la sécurité intérieure*, n.° 15, 1.er trimestre 1994.

de «violencias urbanas», las cuales conducirían, gradualmente, de hechos tan heterogéneos como el robo de coches, el destrozo de un buzón y la grosería, a la criminalidad organizada o al terrorismo islamista.[52]

Las múltiples refutaciones científicas o empíricas de estos enfoques[53] no impiden que se impongan en el mundo político. Su éxito tiene que ver con la configuración en la cual se inscriben, en la fuerza de aquellos que los sostienen y en la filosofía implícita que conllevan.

En primer lugar, se producen en un contexto de decadencia de las visiones alternativas, ya sean políticas (PCF, organizaciones de barrio y/o de la inmigración) o emanadas de otras instituciones, como los servicios de prevención social, afectados de pleno por las consecuencias de la *desafiliación*.[54] Este debilitamiento permite una renovación de los cuadros cognoscitivos de la cuestión social, bajo la acción de agentes interesados en producir nuevas categorías más conformes a sus visiones y a sus intereses. A continuación, estas teorías se benefician de la legitimidad y las posiciones de autoridad de quienes las sostienen. Ocupando *simultánea* o *sucesivamente* posiciones en los campos académico (por formaciones universitarias —en particular, la DESS o los DU especializados en seguridad—, por publicaciones de obras, etc.), político (como militantes, miembros de gabinetes ministeriales, consejeros técnicos, etc.), administrativo (por la participación en las escuelas de forma-

---

52. Véase por ejemplo R. Bousquet, *Insécurité: nouveaux risques. Les quartiers de tous les dangers*, París, L'Harmattan, 1998, o A. Bauer y X. Raufer, *Violences et insécurité urbaine*, París, PUF (Colección *Que sais-je* n.º 3.421), 1998.

53. Los estudios detallados sobre las trayectorias de jóvenes delincuentes —corroborados por testimonios policiales y judiciales— constatan en la mayoría de los casos un descenso, o incluso una desaparición de la actividad delictiva desde el momento en que esos adolescentes encuentran un empleo estable, encuentran pareja, etc. Véase, por ejemplo, I. Coutant, *Délit de jeunesse. La justice face aux quartiers*, París, La découverte, 2005, pp. 262 y siguientes.

54. D. Garland, *The Culture of Control. Crime and Social Order in Contemporary Society*, Oxford, Oxford University Press, 2001.

ción, en misiones técnicas, en informes, etc.) y de información (como expertos movilizados para marcar el sentido, la altura, de una serie de hechos distintos), estos agentes multiposicionados se benefician de las legitimidades cruzadas de estos distintos universos sociales, los cuales tienden a funcionar como un *multiplicador de capital simbólico*. Así, de este modo contribuyen a la puesta en circulación y a la difusión de nuevos conceptos de análisis más allá de su espacio de elaboración.[55] Por último, al limitar las causas del crimen a la observación de los comportamientos criminales, estos conocimientos proporcionan elementos teóricos que parecen inmediatamente traspasables de la teoría a la práctica, para políticos ocupados en reformar o mejorar la acción cotidiana de las instituciones. La focalización del análisis sobre las consecuencias de los ilegalismos populares produce también una reducción de la complejidad social, lo cual favorece la amnesia de las responsabilidades políticas por las transformaciones estructurales del asalariado. Para decirlo de otra forma, los discursos sobre las «violencias urbanas» o «escolares» crean una política del olvido y del silencio sobre la *desafiliación,* ello permite perseguir a los «malos pobres», al «abandono de las familias populares», como hacer hincapié en la necesidad de tratamiento policial de estas cuestiones.

¿Una gestión policial de la desafiliación?

Las agencias policiales desempeñan un papel destacado en el proceso de elaboración, difusión y naturalización de estos sistemas de conocimiento. En efecto, se caracte-

---

55. Véase L. Mucchielli, *Violences et insécé. Fantasmes et réalités dans le débat français*, París, La découverte, 2001 y P. Rimbert, «Les managers de l'insécurité. Production et circulation d'un discours sécuritaire», en L. Bonelli y G. Sainati (dir.), *La machine à punir* [...], *op. cit.*

rizan por la capacidad para producir declaraciones sobre las ilegalidades, los riesgos y las amenazas, por lo que el éxito depende de un sistema de intercambios entre agentes sociales que ocupan posiciones diferentes en y fuera del Estado: Gobierno, políticos, magistrados, instituciones sociales y/o de inserción, grupos de ciudadanos movilizados, grupos criminales, etc. Las definiciones del orden (y del desorden) y sus modalidades de regulación se modifican de este modo permanentemente, en función de la evolución de las relaciones entre cada uno de ellos.[56] Las miradas transformadas de la mayoría de los profesionales de la política hacia los ilegalismos populares, así como las verdaderas dificultades con las que se encuentran las distintas instituciones presentes en estos barrios (escuelas, proveedores de fondos sociales, transportistas públicos, etc.) para encuadrar estas poblaciones y sus comportamientos, reforzarán algunos tipos de dictámenes policiales. Esta reformulación de la cuestión social en una cuestión primordialmente policial dota a la institución de la policía de un lugar central en el saber cómo se afronta el problema. Modifica los equilibrios previos, tanto internos[57] como los que se mantienen con los otros espacios sociales: justicia, escuela, servicios sociales, etc.

Todo esto no ocurre sin dificultades. En efecto, si se potencia el papel de la policía, tanto simbólicamente como en términos presupuestarios, la respuesta que puede ob-

---

56. Salvatore Palidda habla así de la «gestión negociada de las normas del desorden». Véase S. Palidda, *Polizia postmoderna. Etnografia del nuovo controllo sociale*, Feltrinelli, Milán, 2000.

57. La potenciación de las categorías de la seguridad pública va a tener efectos sobre los otros servicios que se ocupan de la información o de lo judicial. Sobre este proceso, véase, en particular, L. Bonelli, «Les Renseignements généraux et les violences urbaines», *Actes de la Recherche en Sciences Sociales* n.º 136-137, marzo, 2001, pp. 95-103. Para las tensiones inherentes a la estructuración en el campo de los profesionales de seguridad, véase D. Bigo, «La mondialisation de la sécurité? Réflexions sur le champ des professionnels de la gestion des inquiétudes à l'échelle transatlantique et sur ses implications», *TRACES*, a publicar, y D. Bigo, *Polices en réseaux. L'expérience européenne*, París, Presse de Science-Po, 1996.

tenerse sigue siendo ambivalente. Las misiones de «pacificación social» no interesan mucho a los policías, cuya jerarquía normativa es otra, colocando en el vértice de la pirámide el trabajo judicial o incluso la información. La policía es *de facto* una institución que se caracteriza, quizá más que cualquier otra, por la elección de sus objetivos y la forma de conseguirlos. Especialmente en el caso de las secciones *generalistas*, como la de Seguridad Pública. Sus policías se acercan a los *Street Corner* políticos descritos por W.K. Muir,[58] es decir, agentes que eligen qué cuestiones atender y cuáles no, entre el abanico de ilegalismos que la multiplicación de normas y reglamentos hace cada día más numerosos. Esta jerarquía normativa nunca tan codificada como determina es, en última instancia, lo que determina la actividad cotidiana de los agentes.

Este tipo de comportamiento no está desligado de tensiones exteriores. La cuestión de los grupos de adolescentes que pueblan las entradas de los edificios hasta la madrugada es paradigmática, puesto que es el punto de convergencia de numerosas denuncias, tanto por parte de particulares como de agentes institucionales. El desfase entre solicitudes de intervención relativamente anodinas pero repetidas y la persecución de los delitos, determina el grado de entusiasmo de los policías a la hora de intervenir. En efecto, las solicitudes de controlar los pequeños desórdenes exceden ampliamente las capacidades de la policía y sus conocimientos técnicos (o su saberser). Como recuerda un comisario de policía de una gran ciudad del suroeste de Francia:

> *Aquí hay una especialidad, el rugby, es decir que se pasa la pelota al vecino. ¡El problema es que la policía está en el extremo, al borde de la banda y no puede pasársela a nadie!* [Comisario en jefe de Seguridad pública, 44 años. Entrevista, marzo de 2001.]

---

58. W.K. Muir, *Police: Street Corner Politicians*, Chicago, University of Chicago, 1977.

Esta intervención solitaria, la cual se limita a menudo a una represión sin delitos, un control sin infracciones, sigue siendo muy difícil. Un jefe de policía de la región parisina resumía así la acción de sus brigadas anticriminalidad (BAC) en los *halls* de los edificios:

> [...] *si encuentran algo, armas,* shit *(hachís) o cualquier otra cosa, practican una detención, pero si no, se limitan a hacer controles de identidad y hacen irse a los jóvenes explicándoles que molestan a todo el mundo.* [Jefe de división de Seguridad pública, 53 años. Entrevista, marzo de 2001.]

En todos los casos emblemáticos, estas misiones resultan poco gratificantes judicialmente y su repetición instaura un fuerte clima de desconfianza entre las fuerzas del orden y los grupos a los que controlan. Desconfianza que se traduce de inmediato en el aumento de injurias e incluso de desobediencias a la autoridad, las cuales pasaron de 11.687 en 1974 a 43.937 en 2001.[59] Estos dos delitos han pasado a convertirse a menudo en el único motivo de inculpación posible en estas situaciones.[60] Como señalaba un magistrado:

---

59. Estos delitos respectivamente consisten en insultos y violencias ejercidas sobre los depositarios de la autoridad. En este período el conjunto de hechos constatado pasan del 0,64 % al 1,08 %. (Fuente*: Aspects de la criminalité et de la delinquance constatée* en France, La documentación francesa). No obstante, este cálculo sigue siendo demasiado global, ya que incorpora realidades muy diferentes, como son las de las pequeñas y las grandes ciudades. En una barriada parisina, el aumento fue entre 1993 y 2001 del 470 %.

60. La ley *para la seguridad interior* de 18 de marzo de 2003 (NOR: INTX0200145L) estipula en el artículo L. 126-3 que *las vías de hecho* [...] *que obstaculizan, de manera deliberada, el acceso y la libre circulación de personas o el buen funcionamiento de los dispositivos de seguridad (sécurité et de sûreté), cuando se cometen por varios autores o cómplices, en las entradas, huecos del ascensor u otras partes comunes de los edificios de viviendas, se castigan con dos meses de encarcelamiento y 3.750 euros de multa.* Por primera vez, el 8 de julio de 2003, tres adolescentes de la *cité* de Brugnauts à Bagneux fueron juzgados por «la ocupación del hueco de un ascensor». El 25 de julio, el tribunal correccional de Lille condenaba a su vez a dos jóvenes de 19 años a un mes de prisión por «la ocupación ilícita de las partes comunes de un edificio».

Constatamos que es el control de identidad por sí mismo —controlado y ordenado por la autoridad judicial— el que provoca la aparición de delitos. Al principio tenemos a una persona que no ha hecho nada, la cual no debía ser controlada y que a continuación se encuentra perseguida por la justicia por un delito provocado directamente por el control en sí mismo. Es decir, efectivamente el agravio, porque es perfectamente humillante ser controlado cuando no hay ninguna razón para ello y es especialmente humillante encontrarse esposado o llevado a comisaría por no llevar el carné de identidad en el bolsillo. De forma que, en estos casos, hay una incitación muy frecuente y muy legítima, diría yo, de personas que no quieren mostrar su carné de identidad, porque no han hecho nada reprochable, o que muestran su documentación pero cuestionan la legitimidad de la actuación policial. Y en estos casos se constata que a falta de control, a falta de voluntad de la institución judicial, la persona es sistemáticamente condenada en juicios rápidos en los que ni siquiera tiene forma de ejercer su derecho a la defensa. [Juez de instancia. Entrevista, mayo de 2002.]

La propia autoridad judicial se ve involucrada en una lógica de orden público muy diferente a sus métodos de funcionamiento ordinarios y es conminada a hacer más extensiva la acción de la policía mediante las multas. Las circulares de los ministros de Justicia no han dejado de multiplicarse desde hace una década, poniendo de relieve el tiempo cada vez menor para tratar cada asunto, la persecución sistemática de todos los delitos y más severidad en su persecución.

Asistimos de este modo a una aceleración y aumento del plazo de tratamiento de los pequeños delitos. Es el objeto del *Tratamiento inmediato (en tiempo real) de la delincuencia* (TTR). Experimentado a principios de la década de 1990 en el Parquet de Bobigny y generalizado por Elisabeth Guigou como ministra de Justicia (1997), el TTR constituye una de las transformaciones principales del sistema penal francés. Su principio es simple: *cualquier asunto, crimen, delito o infracción de 5.ª clase, debe ser co-*

municada inmediatamente al Parquet, al servicio investiga-ciones; «*todo asunto del que se dé cuenta, debe ser objeto de un tratamiento inmediato por el Parquet.*[61] Limitado al comienzo, este principio se generalizó en el conjunto de los distritos, sobrecargando en un 90 % la actividad de algunos de ellos. Tiene por objeto aminorar el tiempo entre la comisión del acto y su envío ante el juez: *si la lentitud de la institución judicial se critica, no es tanto porque sea intrínsecamente mala, sino porque no se corresponde ya con la realidad de una sociedad cuyos ritmos son muy otros.*[62] De lo que se trata en realidad es de un cambio de los métodos de evaluación de la actividad judicial, introduciendo una transformación en su propia esencia. Philippe Mary explicaba con respecto al TTR que *estos dispositivos de justicia cercana y acelerada hacen de puntas de lanza en la gestión (managerisme) que comienza a impregnar el conjunto de la administración de la justicia penal y cuenta entre los indicadores más claros de esta lógica sistémica, donde la justicia se incluiría no como un sistema racional, sino a través de la racionalidad del sistema.*[63]

Al mismo tiempo, se observa la extensión de la esfera penal a comportamientos que hasta el momento no eran perseguidos por la justicia (violencias escolares ligeras, fraudes en los transportes públicos y, más ampliamente, las «incivilidades»). Es el objeto de la 3.ª vía judicial, cuya ambición es reducir las clasificaciones anteriores. Esta inflación penal se verifica con el nacimiento, en la cadena penal, de los procedimientos de mediación penal, conciliación, reparación, que se efectúan en las «casas de justicia y el derecho (MJD)».

Por último, se nota un *endurecimiento* de las penas impuestas por delitos menores. La severidad de la compare-

---

61. *Le traitement en temps réel,* DACG, Ministerio de Justicia, p. 3.
62. *Ibíd.,* p. 4.
63. P. Mary, «Pénalité et gestion des risques: vers une justice "actuarielle" en Europe?», *Déviance et société,* vol. 25, n.º 1, 2001, p. 35.

cencia inmediata, en relación a los órganos jurisdiccionales ordinarios, es a este respecto especialmente emblemática. Las transformaciones en el campo judicial en el tratamiento de los menores, donde se observa un aumento enorme de procesamientos penales en detrimento de respuestas educativas más a largo plazo, son un ejemplo significativo de estos cambios.[64]

Este endurecimiento observable en el campo judicial se manifiesta igualmente en los métodos de intervención de la policía. Algunos policías no dudan en denunciar una *militarización de los informes* que ilustran las actitudes (el «asalto», las operaciones «puñetazo») y los uniformes utilizados por las unidades especializadas que trabajan en estos barrios: buzos negros, combinados con multitud de accesorios (chalecos antibalas, bombas lacrimógenas de gran tamaño, etc.), cascos, armamento (*flash-balls,*[65] escopetas de aire comprimido). El vocabulario se acerca cada vez más al argot bélico. Policías como Richard Bousquet, comisario de división y responsable del sindicato de los comisarios y altos funcionarios de la policía nacional (SCHFPN, mayoritario), habla de *lógica de guerra*, de *zonas de seguridad* que rodean los huecos del ascensor, de *ejército listo para actuar con una logística eficaz*, de *soldados de la droga,*[66] etc.

Las lógicas de acción son similares. Justificando el empleo de unidades móviles especializadas (UMS), el prefecto de un departamento de la periferia parisina explicaba:

Es una de las herramientas principales de contención de las violencias urbanas en el departamento. Desde el momento en que se

---

64. Véase G. Sainati, «Des techniques aux pratiques de pénalisation de la pauvreté», en L. Bonelli y G. Sainati (dirs.), *La machine à punir..., op. cit.*, pp. 87-105.

65. Pistola especial que dispara balas de caucho.

66. *Insécurité: les nouveaux risques, op. cit.*, pp. 121-122. Esto es retomado por periodistas sensacionalistas como Christian Jelen, por ejemplo, quien no duda en titular a su obra *La guerre des rues* (París, Plon, 1999).

produce una pelea entre bandas y que una dotación [de policía] está en dificultades, tengo treinta tíos cachas que pueden llegar al lugar en 10-15 minutos. Esto les calma... y es más eficaz que un CRS,[67] *que no conoce el terreno y que se despliega a ciegas* [...]. *El aislamiento no sirve de nada si no es apoyado por la caballería. El que aisla no detiene a nadie y si no se siente protegido, se va. Por lo tanto, no tiene sentido que me deshaga de mi caballería.* [Prefecto, veterano delegado interministerial de la Ciudad y el Desarrollo Social Urbano, 53 años. Entrevista, enero de 1999.]

El jefe de la seguridad urbana de una circunscripción situada en uno de los treinta departamentos clasificados como «muy sensibles» describía, por su parte, su trabajo ordinario en «sus» *cités*:

Es como en Kosovo. Estamos en misión de pacificación. Hay que conservar las zonas altas, como los militares guardan las crestas... Asistimos a una espiral en el material utilizado. Ya no sirven los flash-ball, *que era lo último hace 5 años. Los guardias tienen granadas rompe-cercos, que son granadas con gran efecto expansivo, y utilizan fusiles. Las balas son de caucho, en efecto, pero para el policía, lo principal está conseguido: apuntar a alguien con un fusil. Antes, estas armas colectivas no salían de las armerías, o bien para misiones muy puntuales y precisas* [...] *Esto viene de las consignas de controlar el terreno a cualquier precio, aun en inferioridad de condiciones, incluso en bajo personal. Y claro, hay que mantenerlo.* [Comisario de la división de Seguridad pública, 51 años. Entrevista, abril de 1999.]

Dicho esto, las consignas no bastan para justificar este endurecimiento, el cual deriva igualmente de motivos más estructurales, entre los que destaca la juventud de las unidades de intervención. Ésta se explica, además de por las exigencias físicas necesarias para entrar ellas, por la gran rotación de componentes que experimentan. Los policías más experimentados las abandonan gracias a su

---

67. Compañía Republicana de Seguridad, brigada de antidisturbios (*N. de las T.*).

antigüedad que les permite pedir traslado a destinos más «tranquilos» o cercanos a sus regiones de origen. Quedan entonces vacías de gente «veterana» que podrían inculcar conocimientos operativos y dar algunas claves para desentrañar una situación para muchos incomprensible, sobre todo en ausencia de una formación adecuada. En efecto, aun sin profesionalidad, estos jóvenes policías, a menudo originarios de pequeñas ciudades de provincia, están socialmente muy alejados de las *cités* y de sus habitantes. De ahí su dificultad permanente para intervenir en grandes concentraciones cuyos códigos y funcionamiento desconocen, lo que se traduce a la vez en miedo a intervenir y sobre todo en un anclaje en los aspectos más restrictivos del oficio policial y la falta de distanciamiento que caracteriza a los policías más experimentados y conocedores del terreno.

La relación diaria con los grupos de jóvenes se convierte en confrontaciones rituales en donde el objetivo es salvar el honor del grupo, o incluso vengar virilmente las ofensas. Esta relación de *rivalidad mimética* queda clarísima con este comentario de un policía a un adolescente: *Tú tienes la marca Lacoste, yo tengo la marca Policía;*[68] con esto se ve la derrota simbólica o física del uno ante la victoria del otro. Esto explica sistemáticas aglomeraciones en los controles o incluso los *caillassages*, en los cuales se realizan inútiles comprobaciones de identidad en repetidas ocasiones, intimidaciones, humillaciones o incluso golpes. Para los grupos de jóvenes, se trata de «presionar» —para retomar una expresión a menudo

---

68. El informe 2002 del *Comité para los derechos, la justicia y las libertades* (Seine Saint Denis) da numerosos testimonios de estas relaciones miméticas tanto a nivel de lenguaje («¿por qué me has mirado?»; «Aquí, ¿quién es el jefe?»; «ven a pegarme si eres un hombre») como de prácticas. Se encuentran otros ejemplos en el informe de la *comisión de investigación sobre los comportamientos policiales en Châtenay-Malabry, Poissy y Paris 20e* (julio 2002), realizada por la Liga de los derechos humanos, el sindicato de abogados de Francia y el sindicato de magistratura.

utilizada en las entrevistas— a los policías haciéndoles notar que están en inferioridad numérica y, en consecuencia, que la relación de fuerzas está a su favor. Para los policías, al revés, lo que está en juego es poner de manifiesto que son los amos del espacio público, que son libres de hacer un uso ilegítimo de su monopolio de la violencia legítima o basándose en argumentos de autoridad —moral y jurídica, en particular—, que les confiere su estatus.[69]

No obstante, el endurecimiento de los métodos de acción y de las relaciones así como el aumento del número de procesamientos por injurias no solucionan la cuestión inicial, la de las pequeñas molestias que habían desencadenado este tipo de intervenciones.

El alistamiento policial de los servicios sociales y educativos

Los policías que se enfrentan diariamente a este tipo de contradicciones se ven cada vez más impulsados a implicarse en las estructuras «societarias», como los Contratos Locales de Seguridad (CLS), en las que tienen todas las de ganar, práctica y simbólicamente. En efecto, involucrar a otros agentes sociales en el control y la normalización de estos comportamientos desviados es una de las soluciones menos costosas y más eficaces para dar respuesta a desórdenes que ellos son incapaces de resolver, tanto por razones internas (prioridades policiales, «inversión jerárquica») como ligadas a sus prerrogativas (necesidad de constatar un delito, desplazamiento de los problemas, a veces unos pocos metros en el caso de los operativos policiales intensivos).

---

69. Véase F. Jobard, *Bavures policières? La force publique et ses usages*, París, La découverte, 2002.

Así es como asistimos, en Francia, a un trabajo de alistamiento policial de las otras instituciones, ya sea directo, en el caso de los prestadores de fondos sociales, de los conductores de transporte público, o incluso de los municipios que desarrollan sus propias fuerzas de seguridad; ya sea indirecto, en el caso de la escuela, la ANPE (Agencia Nacional para el Empleo), las misiones locales de inserción, etc., conminadas a proporcionar información sobre los adolescentes que persiguen o custodian. Esta colaboración se basa en la información entre «socios». El intercambio *en cumplimiento de las deontologías recíprocas* de datos personales precisos, sobre individuos que «plantean problemas» se ve como una de las claves del éxito de la acción pública local. Es lo que se llama «secreto compartido». Lejos de ser único, el ejemplo del CLS de Chalón sur Saone —cuyo actual ministro de la Justicia es el alcalde— es especialmente claro:

«Es necesario hablar de rastreabilidad.» El dictamen es severo. Todos los protagonistas tienen más o menos conocimiento de los apellidos y nombres que, expediente tras expediente, Grupo de Trabajo tras Grupo de Trabajo, vuelven de nuevo a nuestro CLS. A pesar de todo, un cúmulo de estos signalements *no se centraliza en ninguna parte [...] con la autorización de los cofirmantes, [por lo que es necesario] averiguar el estado nominativo de las familias y fraternidades que, entre el año 2000 y el año 2001 volvieron de nuevo a los operadores principales del CLS. Diez, veinte, cincuenta familias... es necesario poder elaborar esta lista cruzando los datos de la policía nacional, la policía municipal, los servicios del CIF, de los servicios de Educación Nacional, los proveedores de fondos sociales, la ciudad, la subprefectura [...] es necesario entonces elaborar por familia, un «balance de activité». ¿Quién trabaja? ¿Dónde? ¿Quién no trabaja? ¿Se escolariza, quién? ¿Quién sigue en la familia? ¿Quién da cuenta de quien? ¿Quién conoce la situación? ¿Quién interviene? ¿Qué pidió la familia? ¿El minero? ¿Ya pidió lo que los institucionales? Este balance necesario, nos dará el estado de la situación y, en adelante, esta familia o esta hermandad tendrá la íntima convic-*

ción de que algo se puso en marcha y de que, en adelante, él no puede ya «jugar» entre las líneas y oponer tal o cual administración a tal o cual otro responsable.[70]

Esta liberalización de la información es un proceso de divulgación cuyo objetivo es acabar con las distintas personalidades o facetas que puede presentar un individuo ante diferentes instituciones. Reenvía a los mecanismos del *secreto de los iniciados*, descritos por Erwing Goffman: *las diferentes imágenes de sí mismo que uno despliega habitualmente en todos los niveles de su entorno terminan aquí viéndose reducidas, a sus espaldas, a una sola.*[71]

Pero este intercambio sigue siendo profundamente desigual, puesto que la policía conserva en gran medida para sí misma el liderazgo, incluida la relación directa con la justicia. Como lo recuerda un comisario de policía:

En el GLTD [agrupación local de tratamiento de la delincuencia], llegamos con las listas de los muchachos que enmierdan el barrio, y el juez nos dice, ¡ah!, no se puede trabajar si se dan nombres, etc. Le contesté que nosotros no estábamos ahí para perder nuestro tiempo y que si no quería trabajar nos íbamos [Comisario jefe de Seguridad pública, 44 años. Entrevista, marzo de 2001.]

Esta «asociación» dota a los policías de una posición central bastante novedosa respecto de los comportamientos calificados públicamente como desviados, que antes correspondían principalmente a otras instituciones sociales a través de otros métodos.[72] Lo que hacía decir no sin humor a un adolescente habitualmente enfrentado a la policía:

---

70. *Contrato local de seguridad de la ciudad de Chalon sur Saone* - Documento de trabajo, p. 66, 26 de septiembre de 2002, Anexo 4: Nota sobre el seguimiento personalizado de las familias y menores «señalados» (*signalés*).

71. E. Goffman, *Asiles. Etudes sur la condition sociale des malades mentaux,* París, Éditions de Minuit, 1968, pp. 214-218.

72. Pierre Bourdieu recuerda de este modo que no se puede rendir cuentas de

Ahora, la BAC [brigada anticriminal], *cuando nos da de hostias,
nos llama por nuestro nombre* [Entrevista, marzo de 2001].

La primacía de esta especialización policial transfigu-
ra las formas de tratamiento de estos fenómenos. Mu-
rray Edelman recuerda que efectivamente las burocra-
cias tienden *a construir los problemas como justificaciones
de las soluciones que proponen.*[73] El hábito profesional de
los policías, que coloca en el vértice de la jerarquía de
las normas judiciales —y que se resume en el viejo *leit-
motiv* «no somos asistentes sociales»— valoriza la coer-
ción. Las detenciones y los procedimientos judiciales son
la piedra angular de sus prácticas profesionales. Y aunque muchos policías son conscientes de que las conde-
nas no bastan para hacer desaparecer a los jóvenes delincuentes a los que tratan, continuarán siendo presos
de visiones del mundo altamente solidificadas: la de su
institución y sus funciones sociales. Esto se traduce en
una naturalización de la delincuencia —que certifican
los calificativos de pequeño delincuente, ratero, malhe-
chor, etc.— en detrimento de visiones que vuelven a res-
tituir el acto delictivo en una historia de vida más compleja, relacionado con otros múltiples factores (escolar,
familiar, emocional, profesional, etc.).

---

las disposiciones y las prácticas de los adolescentes de los barrios populares y, en
particular, de los más «desviados», sin que intervengan otros factores, entre los
cuales se debe destacar «el deterioro o el debilitamiento de las instancias de
movilización, como las organizaciones políticas y sindicales que, en los antiguos
banlieus rouges no solamente, como se dice a menudo, servían para "canalizar y
controlar la rebelión" sino que también garantizaban un cierto "desarrollo conti-
nuo" de toda la existencia (en concreto, a través de la organización de actividades
deportivas, culturales y sociales), contribuyendo así a dar un sentido a la rebelión,
pero también a toda la existencia». P. Bourdieu (dir.), *La misère du* monde, París,
Seuil, 1993, p. 225.

73. M. Edelman, *Pièces et règles du jeu politique*, París, Seuil, 1991, pp. 53 y
siguientes.

Estos antagonismos cognoscitivos se imponen sobre las posibles soluciones públicas. La *desafiliación* y su comitiva de males se transforman de este modo tanto en «pequeña delincuencia», en «violencias urbanas», en «violencias escolares», como en «problemas» administrativamente tratados para apelar a «respuestas» en las cuales la policía ocupa un papel privilegiado. Los estándares, los formatos policiales —incluso si suscitan a veces resistencias—, tienden así a convertirse en el prisma de observación de ciertas poblaciones. Se imponen lentamente en espacios sociales donde anteriormente no habían aparecido. Como indican Richard V. Ericson y Kevin D. Haggerty: *no hay límites a la participación de la policía en la construcción y la gestión de los problemas sociales.* [La policía] *produce los saberes cuando otras instituciones tienen la necesidad de gestionar los riesgos de determinadas poblaciones de las que son responsables.*[74] A veces, éste es el caso de la escuela. Un director de colegio de la región parisina me lo explicaba de este modo:

> *Con la policía, la cosa funciona muy bien. Los institutos ya no dudan en recurrir a ella cuando se produce algún incidente. A la inversa, la policía recurre a los institutos cuando quiere detener a alguien: se le comunica a la dirección, se muestran fotos, etc. Se ha establecido una colaboración estable. Las reticencias van disminuyendo entre los directores; se va extendiendo, como una mancha de aceite, una mentalidad: si mis colegas lo hacen, no hay razón para que yo no lo haga también. Asimismo, allí donde no existe el CLS, es una sorpresa. Un colega se sorprendía de que la policía entrara en mi instituto, además con uniforme. Me dijo que en el suyo esto provocaría una revuelta y que los profesores se pondrían en huelga. Siguen estando aún muy marcados por una mentalidad de 1968 y para ellos la policía son los CRS* [Entrevista, marzo de 2001].

---

74. *There is no limit to police participation in the construction and management of social problems.* [The police are] *shaping the knowledges requirements of other institutions in order to assist those institutions in the risk management of the special populations for whom they are responsible.* R.V. Ericson y K.D. Haggerty, *Policing the Risk Society*, University of Toronto Press, 1997, pp. 73 y 75.

Los resortes de esta «colaboración duradera», los que se encuentran también en otras instituciones como la prevención especializada, la animación sociocultural, etc., deben interpretarse bajo la situación límite en la que se encuentran los agentes subalternos del Estado (o colectividades locales), particularmente, los encargados de ejercer las llamadas funciones «sociales». Éstos se ven obligados, sin tener los medios necesarios, a compensar los efectos y las carencias más intolerables provocadas por la lógica de mercado y los cambios económicos de los últimos veinte años. Esta titánica misión provoca una irresoluble contradicción cuando se confronta efectivamente con las poblaciones más desamparadas económica y culturalmente, no pudiendo, por lo tanto, solucionarse sin pagar el precio del sacrificio —y de la exclusión— de los elementos perturbadores, quienes ponen en peligro las escasas oportunidades de mejora del destino social colectivo. Es entonces la policía —y la justicia— la que se encarga de solucionar la cuestión que plantea Robert Castel: *qué hacer con los individuos que plantean problemas inextirpables porque no pertenecen a su lugar, pero que tampoco tienen ningún lugar en la estructura social.*[75]

Los procedimientos sistemáticos, el encarcelamiento de la divergencia en estructuras especializadas (unidades educativas reforzadas [UEER], centros educativos reforzados [CER], centros educativos cerrados) se vuelven el método natural de reglamentación de estos *supernumerarios*.

Estas medidas son políticamente muy funcionales, sobre todo durante el período electoral, ya que permiten a los sucesivos gobiernos exonerarse de las consecuencias de sus políticas y refuerzan el mito de la soberanía políti-

75. R. Castel, *Les métamorphoses de la question sociale. Une chronique du salariat, op. cit.*, p. 163.

ca, en abierta retirada en los planos económico y financiero,[76] pero suponen un problema a medio y largo plazo.

La policía, en efecto, no tiene recursos para eliminar la pequeña delincuencia, la que muchas veces constituye —junto con el trabajo interino, las ayudas sociales, el trabajo en negro— uno de los únicos métodos de (super)vivencia de pequeños grupos permanentemente excluidos del circuito de los intercambios productivos. Pueden detener a tantos «camellos» como quieran, pues existe un verdadero *ejército de reserva* de gente joven preparada para sustituirlos.[77] Es por otra parte lo que explica este sentimiento de *pozo sin fondo* que expresan varios policías de Seguridad pública en una entrevista. Como lo destacan los estudios realizados en el otro lado del Atlántico, nada apunta a que el aumento del número de policías en la calle o las estrategias intensivas hayan sido la causa de la disminución de la delincuencia en Estados Unidos.[78]

Además, el encarcelamiento —que en Francia acaba de alcanzar una marca histórica con 60.513 presos en mayo de 2003— sigue estando marcado por muy fuertes estereotipos. El paso por la reclusión refuerza en efecto el estigma inicial en los mercados escolares, del empleo o incluso sexuales, dificultando aún más la inserción y posibilitando la continuación de actividades ilícitas. Por un efecto de inversión, tiende también a pasar a ser una patente de gloria que encierra un papel social de delincuente. De la misma manera, la saturación de la presencia policial en algunos barrios cava un foso de incomprensión entre sus poblaciones —y en particular las más jóve-

---

76. N. Christie, *L'industrie de la punition. Prison et politique pénale en Occident*, París, Autrement, 2003.

77. Lo que difiere fundamentalmente de grupos organizados «criminales» o «terroristas». Para estos, en caso de detenciones, es mucho más largo y complicado reconstituir un grupo cuya coherencia se basa en las relaciones de confianza al nivel de los riesgos incurridos.

78. Para una presentación de estas tesis, véase L. Wacquant, «Les mythes savants du nouveau sécuritarisme», *Les politiques sociales*, n.os 1-2, 2003.

nes— y las instituciones. Radicaliza y endurece las posiciones de cada uno, lo que ilustra la multiplicación de las violencias policiales ilegítimas observadas estos últimos meses en Poissy, Saint-Denis, Dammarie-les-Lys, Nimes u otros lugares.[79]

Este *cortocircuito securitario* es muy perjudicial, pues se basa en preconcepciones erróneas. La seguridad no es lo contrario que la inseguridad, sino su doble. Es necesario desasegurar para asegurar, y todo procedimiento de protección desasegura.[80] La fuga hacia el *maelström* securitario genera representaciones del mundo en las que todo aparenta ser una amenaza y las incertidumbres se convierten en miedo. Este movimiento consolida el racismo y la desconfianza contra los que tienden a convertirse en las «nuevas clases peligrosas»,[81] lo que supone para ellos mismos una marginalización más profunda. Se trata de un callejón sin salida, encaminado al aumento de desigualdades y a la exclusión de determinados grupos sociales, sólo tratados a través de métodos policiales. Es decir, supone aceptar la *doxa* conservadora que limita las funciones reguladoras de un Estado al mantenimiento del orden social y supedita el conjunto de sus actividades intelectuales, administrativas y políticas a tal efecto.

---

79. En 2002, la inspección general de la policía nacional (IGPN) registró 592 denuncias por violencias policiales ilegítimas, frente a las 566 de 2001 y las 548 de 2000, lo que representa una subida del 8 % en tres años. Esta evolución es aún más obvia según los datos de la Inspección General de Servicios (IGS) que se ocupa de París y su periferia: 432 expedientes en 2002, 385 en 2001, 360 en 2000, y 216 en 1997. Por lo tanto, en cinco años la cifra fue multiplicada por dos. (Fuente, *Le Monde*, 21 de febrero de 2003).

80. Véase D. Bigo, «Sécurité et immigration. Vers une gouvernementalité par l'inquiétude?», *Cultures et Conflits* n.° 32-32, otoño 1998, y J. Delumeau, *Rassurer et protéger: le sentiment de sécurité dans l'Occident d'autrefois*, París, Fayard, 1989.

81. S. Beaud y M. Pialoux, *Violences urbaines, violences sociales. Genèse des nouvelles classes dangereuses*, París, Fayard, 2003.

INMIGRACIÓN, SEGURIDAD Y CÁRCEL EN ITALIA (EN LA PERSPECTIVA DE LA GUERRA GLOBAL)*

Giuseppe Mosconi
(Università degli Studi di Padova)

1. *Inmigración, regularidad y desviación*

Que el fenómeno migratorio, aunque sea en dimensiones más contenidas de lo que se piense y no se tema, constituye un proceso de mutación social, arraigado e irreversible, es en el presente un hecho adquirido, un elemento de obviedad que quizá haga ya parte de un más o menos inquieto inconsciente colectivo. Frente a ello se confrontan y contraponen, aun a riesgo de esquematizar, dos actitudes difusas: la que tiende a controlar la incertidumbre y el miedo que semejante proceso induce, distinguiendo entre inmigrantes buenos y malos. Los regulares son los dotados de permiso de permanencia, quienes trabajan honestamente, están satisfechos con lo que logran ganar, envían a sus casas lo que pueden, y en sus casos regresan cuando finalizan los permisos. Los irregulares clandestinos que llegan a Italia para delinquir, no se satisfacen con lo que obtienen con un trabajo honesto; si son expulsados intentan retornar; observan un comportamiento imprevisible y constituyen permanentes elementos de peligro. La segunda es una actitud de remoción y de hábito. Los inmigrantes existen, mas en el fondo no ponen en peligro la normalidad cotidiana; no interfieren sobre ésta más allá de un cierto límite;

---
* Traducción del original en italiano por Roberto Bergalli.

constituyen un fenómeno en sí mismo, con el cual se puede convivir, siempre que sea tenido a distancia, no afecte directamente y sea gestionado a través de una adecuada intervención institucional, mientras lo poco que del mismo nos alcanza (presencia de inmigrantes en la vía pública, en autobuses, en el tren, en el lugar de trabajo), se convierte en una circunstancia de absoluta normalidad. Las dos actitudes descritas pueden revelar diferentes variaciones y matices, pero sobre todo pueden superponerse y convivir, de forma que la interiorización de lugares comunes, relativa a la primera, supone y legitima una esfera de experiencia más o menos adquirida, propia de la segunda actitud. Mas el conjunto de estas actitudes parece delinear un *humus* compuesto y ambiguo, el cual llega a constituir un espacio en cuyo interior los procesos de control y contención de la población inmigrante pueden afirmarse. De tales procesos la cárcel constituye el aspecto más emblemático; y, en el marco de todos ellos, encuentra las condiciones para imponerse y desenvolver sus funciones.

El hecho es que una y otra actitud, así como las posibilidades de sus posibles combinaciones, bien poco tienen para hacer con la realidad de los hechos, más bien impiden entrar en ellos, manteniéndolos a distancia.

En dicha realidad el emigrado es una persona que, antes de nada, percibe en modo dramático la enorme diferencia económica y de condiciones de vida entre países ricos y pobres, y decide moverse para mejorar su situación y las de sus familiares. Tiene necesidad de ganar dinero, de comer, de vestirse, de tener un techo, de relaciones sociales humanamente positivas, de confirmar antes de nada las expectativas de su comunidad de referencia, y de construir, a través de todo lo dicho, su propia autoestima. Todo cuanto dicho atañe substancialmente a todos, más allá de las diversas proveniencias, de los diferentes estatus jurídicos, de los tipos de relaciones más o menos estructuradas con la realidad de los países de acogida. La diferencia en-

145

tre regularidad e irregularidad, entre comportamientos legales e ilegales a cuenta de este dato substancial, pasa decisivamente a un segundo plano, hasta el punto que los confines entre las dos esferas son decisivamente más bien lábiles y cambiantes. Se puede llegar a Italia como clandestinos, lograr asentarse con un trabajo y por lo menos ser legalmente no perseguible o perseguido, para después regularizarse, o se puede pasar de un estado inicial o sucesivo de regularidad a uno de irregularidad, al que puede asociarse tanto una actividad legal como ilegal; así como también se puede ser regular y desempeñar un trabajo legal, para dedicarse a cualquier tráfico o actividad escondida o contraria a la ley. En suma, los dos ejes regularidad-irregularidad y legalidad-ilegalidad de las actividades de subsistencia pueden combinarse de manera muy variada, sucederse, coexistir, redefinirse, dando lugar, tal como a cualquier normal ciudadano, a las combinaciones más imprevisibles Mas, yo entiendo que otros son los paradigmas que puedan acercarnos a una mejor interpretación del papel de los inmigrantes. Los propongo por puntos.

— *La relación entre legalidad e ilegalidad.* La relación ambigua y cambiante entre legalidad e ilegalidad no se vincula únicamente con los inmigrantes, puesto que atraviesa también al conjunto de los italianos y se introduce sobre todo en el vínculo entre las dos poblaciones. En un reciente libro, Dal Lago y Quadrelli sacan a la luz los diversos aspectos de la simbiosis entre legalidad e ilegalidad en diferentes áreas de la cultura popular, tales como: la convivencia y la protección de sujetos dedicados a pequeñas actividades más o menos ilegales, el goce de las prestaciones que las mismas proporcionan, el ejercicio de actividades ilícitas realizadas dentro de «honestos» modelos laborales y de vida. El ejemplo se vincula con la realidad genovesa, pero podría valer para muchas otras situaciones en Italia. La trama que se establece entre legalidad e ilegalidad también se manifiesta análogamente en los contactos entre extranjeros e italianos. No sólo estos últimos extraen abundantes ventajas de las prestaciones ilegales de los inmigrantes (droga, prostitución, contrabando, juegos de azar, comercio de mercaderías falsificadas, trabajo negro, encubrimientos, etc.), sino también se organizan verdaderos sectores de actividades ilegales, útiles para ofrecer y utilizar tales prestaciones. De tal modo se encuentra en primer lugar el trabajo negro, sin derechos ni garantías, y dramáticamente retribuido a bajo precio, ampliamente utilizado bajo la amenaza de la denuncia del estado de ilegalidad del trabajador inmigrado, lo que a veces sucede, no obstante la total subordinación del trabajador como substitución del despido, sin remuneración ni liquidación. Así también ocurre en los alquileres especulativos de viviendas, en condiciones asfixiantes; mas, también es así en la venta de droga, en la micro criminalidad, en la producción y la venta de mercaderías caducas o falsificadas, o de cualquier manera ilegales, como en el tráfico de seres humanos. La organización o la estructura de estos sectores están en manos de italianos, o se desarrollan en la relación entre bandas locales y *mafias* extranjeras, en las cuales los inmigrantes desempeñan simplemente el papel de operarios menores, mucho más expuestos a la represión penal y arrojados como alimento de las políticas de control.

— *La red del control*. La red del control a la cual está sometido el inmigrado no puede ser analizada desde el particular punto de vista del control institucional, tanto a su propio respecto como en las intervenciones específicas que el mismo revela; filtros y verificaciones en las fronteras, control de documentos y de regularidad en la permanencia, vigilancia de lugares y estructuras particulares, controles inesperados en las situaciones más variadas, internamientos en los centros de permanencia temporaria (CPT), expulsiones, encarcelamientos. Esta red de control también se expresa mediante una serie de relaciones y situaciones que pueden manifestarse tanto en la población local (desconfianza, atención particular, denuncia, distanciamiento, prudencia, pero también especulación, extorsiones, condicionamiento, explotación), como por los propios connacionales y compañeros (reglas morales y religiosas, expectativas, subordinación, también extorsiones entre ellos, violencia y otras explotaciones), cuanto por los propios familiares y grupos de pertenencia. Este control se expresa sobre todo en el campo de los mismos proyectos migratorios, o sea las metas que se han propuesto y con relación a los recursos concretamente disponibles.

— *La irregularidad construida*. El estado de irregularidad en el que se encuentra una ancha área de inmigrantes está determinada por las definiciones inducidas según el modo en el cual ellas son formuladas y, a su vez, son sancionadas las normas de la regularización, de los *iter* realizables para alcanzar tal estatus, como también por la forma en que dichas normas son aplicadas. Tal como lo sugiere un enfoque criminológico, coherentemente crítico, lo que produce e incentiva la irregularidad es el modo con el cual resulta definida la regularidad. Ello será más fácil de constatar cuanto más rígidas son las reglas que definen la última situación. En un segundo nivel, los estatus de irregularidad son adjudicados según cómo se llevan a cabo los controles, o sea de cómo se concreta la vigilancia y de qué manera son aplicadas las sanciones. Lo más emblemático de este aspecto es el modo en el cual son identificadas las conductas delictivas, es decir, mediante la vigilancia sistemática de ciertas áreas territoriales, de ciertas categorías de personas o de ciertas modalidades de comportamiento; pero también lo es, todavía más representativo, la forma mediante la cual se formula la descripción de los hechos relevantes y los sujetos individualizados, como igualmente lo son la gestión e implementación de los procedimientos administrativos, policiales y judiciales. Rutinas e instancias institucionales, como objetivos de carreras profesionales, representan todas ellas una variables favorables en esta dirección.

Por lo tanto, la dimensión de la irregularidad y de la ilegalidad referidas a los inmigrados, constituye el resultado de la interacción de una serie de factores que se articulan y se entrelazan en torno al estatus de inmigrado, en cuanto tal, desarrollándose en la relación entre sujeto y contexto. La relación entre regularidad e irregularidad, legalidad e ilegalidad, diseña una dimensión compleja y cambiante, que involucra tanto a los inmigrados como a los autóctonos en un amplio y no siempre límpido sistema de relaciones, en la cual las definiciones sociales, las expectativas recíprocas, los proyectos de vida, reacciones culturales e institucionales, prácticas de autorrealización, procedimientos de control, todos actúan dando lugar a ambigüedades, paradojas, contradicciones, tratativas, especulaciones, experimentaciones de tipo variado. No reconocer esta complejidad significa asumir los modelos más superficiales y estereotipizados de un conocimiento dictado principalmente por los prejuicios.

La cárcel para los inmigrados probablemente representa la materialización más emblemática de este enfoque. De la misma manera en que sucede con otros muchos problemas, la cárcel es la señal de cómo la sociedad no alcanza a resolver o gestionar de otra forma la cuestión migratoria, descargando y simplificando, como forma de un ritual reaseguro, sus propias inadecuaciones sobre una estructura tradicionalmente orientada, antes de nada, para ofrecer soluciones esencialmente simbólicas.

Aún más específicamente, si consideramos la trama entre regularidad e irregularidad que caracteriza el mercado de la fuerza de trabajo inmigrada, se puede intentar la focalización de una función también más estrechamente económica de las medidas privativas de libertad de los inmigrados. Es conocido el que los estudios de Rusche y Kirchheimer han puesto al descubierto la función de la cárcel en orientar, en una situación de excedencia de la fuerza de trabajo en relación a su demanda, el área de los desocupados hacia el respeto de la ley, mediante la disuasión que traduce una pena terrible, hasta el punto de resultar menos apetecible que la condición de desocupado pobre (*less eligibility*). Si se hacen las debidas proporciones en una situación de mucha mayor complejidad de las dinámicas económicas, como las actuales, se podría entender de forma análoga con el mismo modelo que la cárcel desenvuelve respecto a los inmigrados desocupados una función similar a la que desenvolvía en relación al ejército industrial de reserva del primer capitalismo. Ésta consistió en contener en parte la excedencia (por otra parte más teórica que substancial), orientar el comportamiento en sentido legal, socializar a los inmigrados en la legalidad de los aparatos institucionales, y aceptar las precarias e incómodas oportunidades ocupacionales que el mercado del trabajo les ofrece.

Por otra parte, el masivo y creciente proceso de encarcelamiento de los inmigrados sirve para mediatizar simbólicamente la oferta institucional de seguridad, como respuesta a los sentimientos de inseguridad que nuestro modo de vivir, desorientador, frenético y disgregado influye de manera generalizada sobre todos los individuos (Beck, Baumann y Garland). Todavía más lo hace en relación a las imágenes de sobre representación del peligro-inmigración que los medios de comunicación difunden, amplificando las intervenciones represivas.[1]

La imagen del potencial inmigrado o terrorista real, tan difundida en el clima de las alternativas bélicas que estamos atravesando, representa hoy, más allá del mayor

---

1. V.A. dal Lago, 1999; A. Naldi 2000.

o menor fundamento de los peligros reales, el nivel máximo al que han llegado estas retóricas y estrategias.

Es a la luz de estas consideraciones que los datos sobre la situación judicial y carcelaria de los inmigrados en Italia que vamos a considerar, adquieren un particular significado en cuanto, por un lado, son reveladores de los rasgos esenciales del contexto que apenas hemos delineado; mientras, por otro, son significativos de las tendencias prevalecientes y según las cuales las instituciones gestionan de hecho la cuestión migratoria, más allá de las afirmaciones de principios y de la declaraciones de intenciones.

Lo que quiero manifestar es que la guerra, como situación global que va envolviendo múltiples y variados aspectos, tanto de la vida cotidiana como de las actividades institucionales, en particular de aquellos países que se han coaligado con el gobierno de los Estados Unidos, o sea que han desplegado tropas en territorios invadidos y las mantienen, ha generado una exacerbación de actitudes negativas, de ida y vuelta de las poblaciones nacionales con aquellas inmigradas. Semejante situación está adquiriendo un nivel de extrema gravedad y puede desatarse como reguero de pólvora. En el caso de la cárcel y de su uso para el alojamiento de personas que van asumiendo todos los rasgos del binomio estereotipado inmigrado=terrorista, la situación arriesga convertirla en un polvorín de las así denominadas «luchas antiterroristas», más allá de que, por sí misma, ya lo es. Como se verá más adelante, los Centros de Permanencia Temporaria (CPT) constituyen, ya mismo, el mejor ejemplo a tener en cuenta a la hora de visualizar la cárcel con esta imagen de polvorín.

2. *La Ley Bossi-Fini y el control sobre los inmigrantes*

Para hacer de fondo de las modalidades de control sobre los inmigrantes que caracterizan la situación italiana, está la ley 30 julio 2002, n.º 189, conocida como Bossi-Fini. Por otro lado, ella ha retomado y desarrollado algunos elementos y tendencias que ya estaban presentes en la legislación italiana, radicalizando los aspectos más restrictivos. Por ejemplo, ha eliminado la garantía del «patrocinador (*sponsor*)» para entrar en Italia, sobre la base de la cual un emigrado podía entrar regularmente aun cuando todavía no estuviese provisto de un contrato de trabajo, siempre que un ciudadano italiano le garantizara su compromiso de obtenerlo; ha transformado los permisos de estancia en «contratos de permanencia», asentados sobre la disponibilidad de una actividad laboral, por lo cual si un ciudadano extranjero pierde su trabajo, dispone de sólo seis meses de tiempo para encontrar otro pues, de lo contrario, será expulsado de Italia y no podría reingresar por diez años. Las reunificaciones familiares se hacen más difíciles con esta ley; es prohibida, asimismo, la regularización de los inmigrantes que trabajen en Italia sin documentación; el término máximo de detención de los inmigrantes irregulares en los CPT se amplía de treinta a sesenta días. Los requirentes de asilo son destinados a tales centros; la posibilidad de obtener el permiso de permanencia (*carta di soggiorno*), como un documento que permite al inmigrado una presencia más prolongada en nuestro país, se subordina al cumplimiento de un período de presencia regular de seis años en Italia, antes eran cinco. En síntesis, el espíritu de esta regulación legal es aquel de anclar estrechamente la posibilidad de permanencia de un ciudadano extranjero al ejercicio de una actividad laboral, de debilitar la posibilidad de madurar y tutelar derechos, de someter al inmigrado a límites y controles más rígidos. En realidad, esta nueva situación produce un efecto doble: el de exponer más fácilmente a los inmigrantes a las especulaciones y a las extorsiones de los traficantes de seres humanos, según una típica dinámica de cualquier prohibicionismo; y el de hacer más precarias y deteriorar en los hechos las condiciones de los inmigrantes irregulares, expuestos a aceptar condiciones laborales ínfimas, privados de todo derecho, bajo amenaza de ser denunciados en cuanto irregulares y, por tanto, de ser expulsados. Mas, no es cierto que esta ley sea la causa directa del aumento represivo hacia los inmigrantes, verificable en los datos que se analizarán más adelante. Esta tendencia era ya evidente en los primeros años de la década de 1990, bien antes que la ley estuviese en vigor y, por tanto, no se verifica una particular aceleración de la tendencia gracias a ella. Más bien, la ley puede ser considerada un indicador de una tendencia ya radicada y difundida en mecanismos económicos y culturales que marcan estructuralmente los fenómenos migratorios, aun cuando, obviamente, ella ha cumplido un papel de refuerzo y consolidación de aquéllos.

Si, de todas las maneras, ponemos en comparación la situación de las deter.ciones en Italia con las de otros países europeos, surgen algunos aspectos evidentes y unas concomitancias significativas. Entre 1991 y 2000, Italia registra un aumento del porcentaje de encarcelamientos (número de detenidos sobre cien mil habitantes) entre los más elevados de Europa. Si efectivamente en 1991 el valor de tal indicador era de 56, de modo que ocupaba una de las últimas posiciones en la escala de los mayores países europeos, dicho valor sube a 102 en el año 2003, llevando a Italia a la cuarta posición, después de España, Inglaterra y Holanda. Si por un lado, nuestro país ocupa la tercera posición después de Suiza y Austria en razón del porcentaje de extranjeros sobre la población detenida (30 %, dato nacional, con una elevación al 18 % entre el año 2002 y 2003), ocupa significativamente la primera posición por sobre población de las cárceles con un indicador de 134 internos sobre 100 plazas de capacidad. De la misma manera Italia se encuentra en el primer puesto por las denuncias y las detenciones relativas a los delitos vinculados al uso de es-

tupefacientes (casi el 38 % sobre el total de las denuncias).[2]
Tal tendencia no se presenta, por otra parte, justificada
por un incremento de la criminalidad. Más bien, entre 1990
y 2001 el número global de las denuncias registra una tendencia decreciente, con la disminución del 15,6 %.[3] En una
visión de conjunto, Italia ha registrado entonces en los últimos quince años un incremento de la población detenida
entre los más altos en Europa, tal como para alcanzar la
primera posición por índice de sobrehacinamiento, lo que
en buena medida se presenta como debida a un masivo
proceso de encarcelamiento de los inmigrados, sobre todo
por los delitos vinculados a la venta y al consumo de subs-
tancias estupefacientes. Los inmigrados se encuentran, en
consecuencia, bajo la mira de las nuevas formas de control
particularmente en Italia, y el recurso penal, especialmente el empleo de la cárcel, parece asumir un papel central
en semejante estrategia, aplicándose prioritariamente en
delitos de gravedad no particular, como las ventas minu-
tas. La gravedad de la situación es todavía más evidente si
se considera el hecho de que en diversas cárceles el porcentaje de extranjeros supera el 50 %, llegando en algunos
casos, a extremos superiores al 70 % (Padova, Bolzano, La
Spezia),[4] y no por casualidad se trata también de los esta-
blecimientos más hacinados.

3. *Denuncias, arrestos, detenciones, condenas*

Si todavía se desciende a los detalles en el análisis de los
diversos indicadores, tales tendencias se presentan signifi-

2. Todos estos datos son extraídos del banco de datos del Consejo de Europa y
utilizados por E. Shea en su ponencia «La situación carcelaria en Europa», expuesta en el congreso del mismo título, celebrado en Padova el 4 de marzo de 2005.

3. Según los datos del Ministero dell'Interno, utilizados por S. Palidda (2002: 279).

4. Según los datos del DAP (Dipartimento dell'Amministrazione Penitenziaria),
publicados en A. Sbraccia, 2004: 174.

cativamente confirmadas. Según los datos del Ministerio de Interior,[5] en 2001 los inmigrados denunciados constituyeron el 18 % del total. Este porcentaje registra una variación de 11 % respecto a 1990, mas el número de extranjeros denunciados, con relación al mismo año inicial, ha crecido en 70,5 %, mientras los italianos han aumentado sólo el 17 %. Todavía más elevado (26 %) es el porcentaje de extranjeros considerados sobre el total de los arrestados, con un aumento porcentual de 8 puntos respecto a 1990; en cuanto al número de arrestos, mientras en el mismo período los italianos han crecido en 38 puntos, los extranjeros lo han hecho en un 60 % respecto al dato inicial. Es asimismo acentuada la tendencia en lo que corresponde a las presencias en cárcel en el mismo período. El ya recordado 30 % de detenidos extranjeros representa en 2001 un crecimiento porcentual de 14 puntos en relación a 1990, con un crecimiento del número absoluto de inmigrados detenidos de 76 %, mientras los italianos sólo lo han hecho en un 43 %.

Es todavía interesante notar la composición de las variaciones porcentuales absolutas entre los tres conceptos considerados: los extranjeros representan, como componente, el 8,7 % del crecimiento (el 37,8) por los denunciados, el 13,3 por los arrestados, sobre el crecimiento general de 47,4, pero constituyen el 20,7 del aumento de 50,7 de los detenidos. Ya entonces aquí es posible considerar cómo el crecimiento de los indicadores que corresponden a los inmigrados, a través de las diversas etapas que van de la denuncia hasta la detención, describe una tendencia progresivamente más represiva de ellos respecto a los italianos. En concreto, si los extranjeros son denunciados de manera creciente, y todavía lo son más arrestados, como aun son encarcelados, según una escalada represora que bien pocas dudas deja acerca del hecho, ello no es debido a una mayor criminalidad de los inmigrados.

---

5. Utilizados en S. Palidda, 2002: 179.

Este cuadro se confirma con mayor evidencia si se confrontan, entre italianos y extranjeros, los porcentajes relativos a los indicadores que aquí se analizan, esto es, cuántos italianos y, respectivamente, cuántos extranjeros son denunciados, arrestados y encarcelados cada 100 mil personas que viven en territorio italiano. De esta forma surge que el porcentaje de denuncias de los extranjeros, en 1999, correspondía cinco (5) veces al de los italianos, los arrestos a nueve (9) veces más respecto a los italianos y el de las detenciones a doce (12) veces.[6] Esto sencillamente significa que los extranjeros son respectivamente denunciados, arrestados y detenidos más que los italianos por números múltiples correspondientes a los mencionados valores, lo que pone de manifiesto, dada la tendencia creciente de los mismos, que si un extranjero es más fácilmente denunciado que un italiano, todavía más fácilmente si es arrestado, y todavía más si es detenido. Así entonces, es admitido aunque no aceptado que los extranjeros objetivamente delinquen más que los italianos, lo que no justifica el hecho que sean más arrestados, ni que tampoco lo sean más encarcelados. La hipótesis más plausible es que esto no pueda ser debido a una más decisiva tendencia represiva respecto de los extranjeros de los aparatos policial, judicial y penitenciario. Una ulterior confirmación en este sentido proviene de la mayor tendencia a condenar extranjeros en relación a los italianos, la cual, en 1977, era siete (7) veces más, y de más del doble de los denunciados.[7] El dato de que estos indicadores correspondan a registros de hace algunos años no debería debilitar los datos actuales, puesto que los valores relativos a los fenómenos considerados han registrado, en estos últimos años, un crecimiento ulterior.

Parecería que estas observaciones son idóneas para rechazar el fundamento de la tesis que pretende sostener

6. S. Palidda, 2001: 77.
7. Así surge de la fuente ISTAT, referida en O. Lazzaro, 1998: 29-35.

que el mayor valor de los indicadores relativos a las desviaciones de los inmigrados denota sus mayores propensiones a delinquir respecto a los italianos, y no la mayor intensidad del control represivo al cual parecen estar sometidos.[8] El hecho de que los extranjeros sean más condenados puede, en realidad, por un lado referirse a la circunstancia de que ellos son más denunciados y arrestados, cuando también la condena puede servir como la ratificación posterior al arresto y a la detención, y junto a ello supone la concreción del prejuicio vinculado al estatus que semejantes circunstancias pueden inducir. Mientras, por otro lado, permite pensar en el clima de mayor alarma social que provocarían los inmigrados, el cual se deja influenciar por el mayor índice de denuncias y de arrestos, lo que también puede inducir a los jueces a una mayor severidad cuando condenan. En una tercera consideración, tanto más o menos, los inmigrados gozan menos de una adecuada defensa, están más desorientados respecto a las leyes y los procedimientos del país que los hospeda cuando, además, por razones económicas, pueden encontrarse en malas condiciones para recurrir y así poder aspirar a evitar una condena definitiva.[9]

Por lo demás, si se analiza en general el devenir de la criminalidad, según tipo de delito, con referencia a años recientes (2001-2003), no surgen por cierto elementos idóneos para sostener una mayor incidencia de los inmigrados sobre el fenómeno. Tomando en consideración la tipología de delitos que motivan la detención, el porcentaje más elevado se encuentra en los delitos contra el patrimonio que superan el umbral del 30 %, con un crecimiento de cinco puntos respecto a 2001. Siguen las violaciones de la ley sobre las armas (17,6 %), con un impresionante salto del 10 % en adelante; la venta de estupefacientes

8. M. Barbagli, 2002.
9. G. Mosconi, 2003.

(15,3 %), pero con reducción del 5 %; los delitos contra las personas, cuyo valor permanece substancialmente estable (14,5 %); y, los delitos contra la fe pública (4,1 %). Los otros tipos de delitos son escasamente significativos. Entonces, se podría entender que, dado el crecimiento de los detenidos extranjeros, el aumento de las cifras más consistentes sea verdaderamente debido a la mayor criminalidad de aquellos. Mas, la confrontación entre italianos y extranjeros desmiente tal hipótesis capciosa. En efecto, el crecimiento de los delitos contra el patrimonio es mucho más atribuible a los italianos que a los extranjeros, los que demuestran estar tres puntos más abajo que los primeros. En cuanto al gran crecimiento de los hechos en materia de armas, el mismo es absolutamente atribuible a los italianos, quienes superan a los extranjeros en más de 15 puntos. Por los delitos contra las personas, en cambio, los extranjeros superan a los italianos en dos puntos pero, como se ha ya notado, este delito no está en aumento. En cambio, para un delito en descenso, como la violación de la ley sobre estupefacientes, los extranjeros destacan 14,6 puntos más que los italianos. Además, para algunos delitos menos consistentes (explotación de la prostitución, contra la fe pública, contra la personalidad del Estado, violación de la ley sobre inmigración), los extranjeros revelan de dos a cuatro puntos más respecto a los italianos, cuando todos estos delitos revelan una tendencia al aumento, aunque contenido. En consecuencia, el aumento de los delitos más representativos no está efectivamente vinculado con el aumento de la criminalidad atribuible a los inmigrados, mientras si es verdad que tienden a aumentar las imputaciones de dichos delitos que a ellos son típicamente atribuibles, o porque son más fácilmente individualizables, o porque están más ligados a sus estatus o a sus actividades; y todo esto cuando, como en el caso de los estupefacientes, el delito aparece globalmente en disminución. He aquí, entonces, por qué el número de los inmigrados detenidos crece, como probable efecto de un mayor control ejercido sobre ellos.[10]

4. *Algunas clasificaciones*

Si se analizan algunos índices relativos a las denuncias y los arrestos de los inmigrados, diferenciados por proveniencia y en clave comparativa respecto a los italianos, resulta que los inmigrados más denunciados que los italianos, de 10 a 20 veces, son, en orden creciente, los ex-yugoslavos, los ucranios, los paquistaníes, los nigerianos, mientras los palestinos son, nada menos que 187 veces más. En cuanto a los arrestos, son arrestados de 10 a 20 veces más que los italianos los inmigrados procedentes de los siguientes países: Ucrania, Venezuela, Nigeria, Marruecos, Croacia, Colombia, Eslovenia; arrestados de 20 a 40 veces: Rumania, ex Yugoslavia, Túnez, Bosnia; sobre las 40 veces más: los de Chile, Moldavia, Sierra Leona, Argelia, Gambia. En este caso, los palestinos son arrestados 688 veces más que los italianos.[11] Aparte queda este caso de los palestinos, para quienes el valor particularmente elevado de los indicadores debe probablemente referirse al limitado número de sujetos de esta procedencia presentes en nuestro país. Los inmigrados más sujetos a control, en el marco de un arco de proveniencia ampliamente diversa, parecen concentrarse entre los provenientes de los países de Europa del Este, de la ex Yugoslavia y del norte de África, provocando una excepción los originarios de algunos países del sur de América. La misma tendencia se puede constatar a propósito de la relación entre denuncias y arrestos, en cuanto buena parte de los mismos sujetos resultan más fácilmente arrestados, una vez que son denunciados.

---

10. Datos proporcionados en G. Mosconi / C. Sarzotti, 2004: 19.
11. S. Palidda, 2001: 78-79.

Si, en principio, no se puede excluir que los sujetos provenientes de estos países sean más propensos a realizar algunos tipos de delitos (tráfico de estupefacientes, delitos contra el patrimonio, explotación de la prostitución), la mayor facilidad para arrestarlos, dada la no necesaria mayor gravedad de los delitos en cuestión respecto a aquellos atribuidos a sujetos de diferente proveniencia, podría en cambio revelar el mayor control al cual estos inmigrados están sujetos. Si se analiza comparativamente el impacto de la intervención penal sobre la población inmigrada en la diversas regiones de Italia, llama la atención el hecho de que todos los porcentajes más altos de extranjeros denunciados sobre el total de denuncias, por un valor comprendido entre el 10 y el 20 %, se encuentran en las regiones del norte y, en parte, en las del centro.[12] Los porcentajes más altos se hallan en Valle d'Aosta (28,6 %), Friuli-Venezia Giulia (24,5 %), Piemonte y Liguria (23,9 %, entras las dos), Lombardia (22,1 %), Emilia Romagna y Veneto (sobre el 21 %). También la tendencia a arrestar a los extranjeros es globalmente más elevada en toda esta área, con algunas variaciones internas en el orden entre ellas. En primera posición se encuentra Friuli-Venezia Giulia, con el 42 % de los arrestos de extranjeros, seguida de Piemonte (38 %), Lombardia (35 %), Emilia Romagna y Toscana (33 %), Veneto (32 %). Las cárceles del norte y del centro resultan también aquellas en las cuales el porcentaje de detenidos extranjeros alcanza las cotas más elevadas. Se encuentran, efectivamente, en primera posición, Veneto, con el 53,4 %, siguen Emilia Romagna (48,6 %), Piemonte y Lombardia (44 %), Lazio y Toscana (en torno al 40 %). Las regiones del sur, en cambio, registran índices mucho más elevados (Sicilia 15 %, Campania 14 %), confirmando así, también en el plano de los encarcelamientos, una menor tendencia represiva.[13] La

---

12. S. Palidda, 2001, p. 72.
13. Datos provenientes del DAP 2003, utilizados por A. Sbraccia, 2004: 172.

razón de este dato puede sólo en parte ser referido a la menor concentración de inmigrados en el sur de Italia, en cuanto se trataría de regiones económicamente menos atractivas. Debe considerarse verosímilmente también el hecho de que en estas áreas una actitud cultural de mayor tolerancia hacia los extranjeros es probablemente la expresión de una tradición de mayor cosmopolitismo, aunque también de una menor reactividad respecto a las economías ilegales en las cuales los inmigrados pueden desempeñarse, como asimismo de una menor hostilidad hacia los inmigrados puesto que, al menos en parte, constituyen una presencia provisoria, de paso, orientada a establecerse en otras zonas.[14]

5. *Referencias para una deconstrucción del fenómeno*

Es evidente que estos datos, considerados globalmente, resultan coherentes con la construcción del inmigrado clandestino e irregular como un delincuente potencial, fuente de inseguridad difusa y amenaza de la cual es necesario defenderse. Ellos no son únicamente expresión de cuánto esta representación esté radicada en las instituciones de control (policía, jurisdicción, cárceles), sino asimismo constituyen también un instrumento de refuerzo de tal cultura, según una circularidad que corre el peligro de cerrarse en sí misma. Ha sido considerado ya el papel que en este proceso juegan las definiciones normativas y las lógicas más o menos prohibicionistas, las cuales de vez en vez sirven como inspiración de las primeras. Ahora, en relación a este cuadro, aparecen en contraste por lo menos dos elementos.

Confirmando cuanto ha sido considerado en el primer apartado, la investigación empírica pone de relieve lo in-

---

14. M.I. Macisti / E. Pugliese, 1996.

fundado que es el estereotipo del inmigrado clandestino y delincuente desocupado, como asimismo el del trabajador honesto. En un reciente trabajo, desarrollado por medio de entrevistas a inmigrados detenidos en algunas cárceles del Veneto, en relación con el estatus de los inmigrados recluidos en el período 1999-2001, resulta que más del 70 % de los detenidos entrevistados trabajaban al comienzo del período considerado, mientras, en los semestres sucesivos, tal porcentaje tiende a decrecer, para dejar lugar al porcentaje siempre más elevado de sujetos recluidos. Por tanto, no parece fundada la creencia de que los inmigrados detenidos eran anteriormente desocupados, teniendo proyectos muy marcados o tendencias criminales, tal como el estereotipo lo prevé. Ellos provienen en buena parte de experiencias laborales, aun cuando la precariedad o la interrupción de ellas puede haberles inducido a asumir comportamientos desviados.[15] Es de la misma manera cierto que, con base en otras investigaciones, un promedio entre el 70 y el 90 % de los inmigrados denunciados resulta ser irregular,[16] pero esto no supone que no trabajasen, así como podrían ser inmigrados regulares aquellos a quienes les hubiere caducado el permiso de estancia, o hayan perdido el estatus de regulares en un momento posterior a la imputación. Por otro lado, este dato valdría para confirmar cómo los inmigrados irregulares están sometidos a un mayor control penal, de la misma manera que, por otra parte, sería oportuno conocer cuál porcentaje ocupan los irregulares entre los inmigrados que trabajan. Se puede sostener la hipótesis de que, en lugar de ser la propensión o la intencionalidad criminal una prerrogativa propia del inmigrado irregular, como lo supone el lugar común antes recordado, sea en cambio el estado de irregularidad y las dificultades

---

15. L. Miotto, por ser publicado: 98.

16. A. di Nicola, 2004: 186, quien a su vez cita los trabajos de M. Barbagli y S. Palidda.

vinculadas, con el consecuente empeoramiento del estatus, lo que favorece derivaciones hacia la criminalidad.

En segundo lugar, debe ser considerado que no está siquiera probado que el sentido de inseguridad que se pretende esté muy difundido, vaya asociado a una actitud de desconfianza y de cerrazón respecto de los inmigrados.

Del informe ISMU 2003[17] se extrae que las actitudes abiertas respecto a los inmigrados están en crecimiento, desde un porcentaje del 38 % en 1998 al 60 % en 2003. Una mayoría decisiva de consensos recogen algunas valoraciones o afirmaciones decididamente favorables hacia los inmigrados, a propósito, por ejemplo, de la utilidad de los inmigrantes para el desempeño de ciertos trabajos, o de la concesión del derecho de voto para las elecciones administrativas.

Otras investigaciones han revelado cómo, dejando el lugar común por el cual «el aumento de la inmigración favorece el aumento de la criminalidad», las valoraciones y las actitudes más negativas respecto a los inmigrados (p. ej., son sucios, son portadores de enfermedades, son delincuentes, son violentos...) ocupan las últimas posiciones en el número de los consensos frente a otras valoraciones de orientación favorable (p. ej., son personas honestas, desempeñan trabajos útiles, favorecen un enriquecimiento cultural...).[18]

Puede decirse que estas últimas observaciones descubren hasta qué punto las definiciones normativas y las retóricas comunicativas que se rigen sobre aquéllas pueden ser distantes de la realidad del objeto al cual aluden y del contexto en el cual presumen que está ubicado. Semejantes definiciones y tales retóricas tienden a reconstruir una realidad fantástica y artificial, la que se sobrepone a la realidad concreta de los fenómenos de los cuales se ocupan los aparatos institucionales y de la comunicación.

---

17. Se alude aquí a la contribución de G.G. Valtolina, 1993: 216.
18. G. Mosconi, 1999: 173. D. Melossi, 1999: 59.

6. *La deformación extrema del control penal: los Centros de Permanencia Temporaria (CPT)*

La Ley Turco-Napolitano de 1998 ya preveía que los extranjeros inmigrados irregularmente, sin poseer permiso de estancia, pudieran ser mantenidos en los Centros de Permanencia Temporaria por un período máximo de 30 días, en espera de la ejecución de la decisión de expulsión. La Bossi-Fini ha acentuado esta medida, como se ha dicho ya, previendo la duplicación del período máximo de retención (60 días), como para facilitar (en teoría) la ejecución de la expulsión. Seguramente se está frente, más allá del eufemismo osimórico de la denominación, a una forma de detención a todos los efectos, por lo tanto asimilable a la consecuencia penal de la reclusión. Sin embargo, existen algunas macroscópicas diferencias (*in pejus*): la detención no está justificada por la ejecución de un delito, sino por el simple estado de irregularidad, por la ausencia del permiso de permanencia; ésta no llega después de un proceso, sino decidida por una autoridad administrativa, sin dialéctica probatoria alguna; limitadísimas son las facultades de una defensa; las modalidades de la detención no están reguladas por texto de ley nacional alguno; tampoco existen derechos y garantías que puedan limitar el enorme poder del cual disponen los directores de los centros. Se trata, en consecuencia, de una sanción todavía más dura que la penal, aunque atenuada, por suerte, por su duración limitada. Es evidente la ambivalencia de esta institución: por una parte ella se presenta como una simple, tenue medida administrativa con la tarea de facilitar la repatriación del inmigrado irregular, a costo del Estado; mas también parece constituir una suerte de primer socorro, de ayuda para los inmigrados que llegan a Italia en situación de clandestinidad, por lo tanto de abandono total y de absolutas carencias. Por otro lado, esta medida representa una forma de amenaza constante para el inmigrado irregular por cuan-

to, además de la función coactiva y limitadora de la libertad, constituye la antecámara de la expulsión, mientras a
la vez se muestra como un reaseguro de la opinión pública
a la que se imagina como preocupada por la amenaza de
los inmigrados irregulares y de sus intencionalidades criminales. En este sentido los Centros de Permanencia Temporaria constituyen elementos determinantes de la construcción social de la inmigración como peligro, por cuanto
su misma presencia es elemento de representación de la
inmigración como constante amenaza, a la cual el Estado
reacciona de modo adecuado y determinado, reasegurán-
do a la opinión pública. La funcionalidad de estas estructuras respecto a los fines declarados es, en realidad, limitadí-
sima siempre que sea verdad que sólo el 7 % de las
expulsiones llevadas a cabo acaecen previo internamiento
en los CPT, mientras buena parte de los inmigrados que
han estado en ellos difícilmente son expulsados efectivamente. Cumplen más bien una función mucho más incisi-
va en relación al mercado de trabajo, bien como instrumento de contención de una excedencia y de atenuación
de una presión migratoria de todas formas muy difícil de
gobernar, bien como amenaza hacia el inmigrado irregular, dirigida a hacerle aceptar cualquier ínfima condición
en las relaciones de trabajo; todo ello, bajo pena de la denuncia de su esatus y de una reclusión-expulsión. Pero esto
último no se produce como en la cárcel, sobre el presupuesto de la pérdida del trabajo y de la posibilidad de una
carrera de desviado, sino simplemente sobre la aparición
de su condición legal.

El CPT, entonces, por todos estos aspectos (ausencia de
garantías, construcción de sentido, amenaza y extorsión,
instrumento de presión y reaseguro, ínfimas formas asis-
tenciales) parece representar, de forma acentuada, las características que la detención de los inmigrantes tiende
hoy a asumir, en relación a todo cuanto ha sido considerado antes. Ello, entonces, más que representar una especie

de «hermano menor» de la cárcel, en el sentido de una forma más limitada y menos formalizada de contención, parece constituir un preocupante síntoma anticipador de la tendencia que la pena de privación de libertad y el instrumento penal demuestran seguir en el presente, en cuanto un simple instrumento de control y de incapacitación de las áreas sociales definidas como peligrosas, y asimismo, de las emergencias sociales no administradas ni resueltas, siempre dentro de una tendencia hacia un substancial debilitamiento de las garantías que deberían modular y contener la aplicación del instrumento penal.

7. *Conclusiones*

El conjunto de los elementos analizados que describen el impacto del instrumento penal y del control institucional sobre el proceso migratorio, pone al descubierto la distancia existente entre las construcciones jurídicas orientadas a la producción de sentido y a la gestión pragmática y conservadora de las dificultades sociales vinculadas a tal proceso, y la substancia real y naturaleza de los fenómenos que se configuran como objetos de control. Esta constatación hace particularmente actual y, a nuestro parecer, proficua, la utilización de los paradigmas interpretativos propuestos en el primer párrafo del presente análisis, en contraste con los estereotipos y las representaciones prevalecientes en tema de inmigración y criminalidad. Pero las observaciones de los datos antes expuestos proponen sobre todo la urgencia para estudiar con adecuados instrumentos científicos los fenómenos en cuestión, en su concreción y objetividad. Bastaría dirigir la mirada hacia las dramáticas diferencias de recursos y de condiciones de vida entre países ricos y pobres, o sobre sus raíces históricas y sobre sus causas actuales; sobre las alternativas humanas y sobre las justas aspiraciones que inspiran los proyectos migratorios; sobre la riqueza representada por la posibilidad de intercambio y de coexistencia entre culturas diversas, siempre que sean entendidas y respetadas en su esencia y humanidad, para darse cuenta de la deformante mistificación que producen las simplificaciones jurídico-institucionales, cuyos efectos se han considerado arriba.

Pero, sobre todo, bastaría poner seriamente el problema de la inmigración en lo concreto de los procesos económicos, analizar cuál es la real necesidad de la fuerza de trabajo inmigrada, más allá de las cuotas y de las pretensiones de regularización, cómo son los procesos y las dinámicas entre la proyectualidad de las llegadas, desplazamientos, regresos, procesos de absorción, etc. Sería bastante fácil entender hasta dónde el juego entre regularidad e irregularidad y la exasperación de las políticas represivas, a las cuales han dado lugar la reciente legislación y sus *praxis* aplicativas, representan una artificial e instrumental sobreposición a la complejidad del fenómeno, con el principal efecto de acentuar la problemática, con resultados a menudo dramáticos (ej., los frecuentes incidentes marítimos). Los procesos de encarcelamiento poseen, no cabe duda, una parte determinante en la escena.

Afortunadamente no todo procede en la misma dirección. Desde hace tiempo una rica red asociativa exalta y pone en movimiento una amplia esfera de solidaridad y una cultura de la acogida, así como en la misma dirección se mueven desde siempre las organizaciones sindicales y muchas administraciones locales. En el ámbito de la opinión pública el inmigrado no representa más simplemente un peligro y un enemigo, pues existen señales de una mayor asunción del fenómeno y una mayor tolerancia. Las inseguridades parecen encontrar más apropiados y específicos canales de desahogo de los factores substanciales que están en la base: guerras, atentados al equilibrio ambiental, desequilibrios y crisis económicas, deterioros de la calidad de vida.

Mirar dentro de la cárcel, para ver verdaderamente quién es el inmigrado detenido, cuáles problemas revela, deconstruyendo la imagen más difundida y estereotipizada, supone formar parte de esta toma de conciencia, como condición para la identificación de soluciones más adecuadas a la complejidad y a la substancia de los problemas, de los cuales la caracterización de los migrantes constituye un emblemático indicador. Obviamente que esta propuesta no comportará mayor utilidad a un contexto social y político que se ha ido tiñendo de todas las connotaciones de la guerra global. Mas debe pensarse que la deconstrucción sugerida pueda contribuir de manera importante a descargar de la cárcel aquellos elementos que la están invadiendo por su uso complementario para el trato de quienes puedan considerarse como miembros de organizaciones terroristas.

Bibliografía

BARBAGLI, M. (2002). *Inmigrazione e reati in Italia*. Bologna: il Mulino.

BERTI F. / MALEVOLI, F. (2004). *Carceri e detenuti stranieri*. Milano: Franco Angeli.

CORTESE, A (a cargo de). (2000). *L'inmigrazione e il problema della criminalità multietnica*. Roma: Uic.

DAL LAGO, A. (1999). *Non persone*. Milano: Feltrinelli.

DI NICOLA, A. (2004). «La devianza», en Fondazione ISMU, *Nono rapporto sulle migrazioni 2003*: 179-194.

LAZZARO, O. (1998). *Criminalità e detenzione in Veneto e in Italia. Un'analisi comparata*. Tesi di Laurea. Università di Padova, anno accademico 1998-1999.

MACIOTI M. I. / PUGLIESE, E. (1996). *Gli inmigrati in Italia*. Bari: Laterza.

MELOSSI, D. (1999). «Multiculturalismo e sicurezza in Emilia Romagna», primera parte, número monográfico del *Quaderni di Cittàsicure* n.º 15.

MIOTTO, L.L. *L'inmigrazione in carcere*, Padova: ed. Sapere (en vías de publicación).

MOSCONI, G. (1999). «Devianza, sicurezza e opinione pubblica», en *V rapporto, Quaderni di Cittàsicure* n.° 118: 139-208.

— (2003). «Immigrati, criminalitá e carcere», en D. Melossi (a cargo de), *Migrazioni, interazioni e conflitti nella costruzione di una democrazia europea*. Milán: Giuffrè: 977-994.

— y Sarzotti, C. (2004) (a cargo de). *Antigone in carcere*. Roma: Carocci.

NALDI, A. (2000). «Come se costruisce l'emergenza sicurezza. Il caso dell'immigrazione straniera», en *Studi Urbani e Regionali*, n.° 68: 20-39.

PALIDDA, S. (2001). «Devianza e vittimizzazione tra i migranti», en *Quaderni ISMU 2*.

— (2004). «La devianza», en Fondazione ISMU, *Ottavo rapporto sulle migrazioni*. Milán: Franco Angeli: 177-192.

SBRACCIA, A. (2004). «Detenuti stranieri», en G. Mosconi / G. Sarzotti C. *Antigone in carcere*. Roma: Carocci: 168-189.

SHEA, E. (2005). «La relazione carceraria in Europa», ponencia en el homónimo congreso, celebrado en: Padova el 4. marzo.

VALTOLINA, G.G. (2003). «Attegiamenti e orientamenti della società italiana», en ISMU, *Nono rapporto sulle migrazioni*: 195-212.

COMUNICACIONES

LA REFORMA PENAL DE 2003: DECONSTRUYENDO LOS FUNDAMENTOS CONSTITUCIONALES DEL ESTADO DE DERECHO

Sebastià Sala
(Estudiante de Derecho, UB)

En el año 2003 se llevó a cabo (por parte del anterior Gobierno) la reforma penal más importante desde la aprobación del Código Penal de 1995, con el pretexto de reforzar la seguridad jurídica de los ciudadanos y ciudadanas en nuestro país y dentro del marco de la guerra contra el terrorismo global declarada después de los atentados del 11 de septiembre de 2001 en los EE.UU. De esta manera empezó el procedimiento para la elaboración y aprobación en el Congreso de una reforma que, más cerca del clamor popular que de las ciencias jurídicas, ha modificado sustancialmente el sistema penal intentando configurar en el Estado español un nuevo derecho penal de la seguridad.

Consta de cinco leyes orgánicas de las que la LO 7/2003, de 30 de junio, *sobre las medidas de reforma para el cumplimiento íntegro y efectivo de las penas*, es la más significativa en cuanto supone un importante recorte de los avances logrados hasta ahora en ámbitos tan relevantes como el proceso y la ejecución penal o el régimen penitenciario que con la aprobación de esta ley bien pudiera considerarse que pasan a convertirse en mecanismos de tortura psicológica al convertir el mundo de las cárceles en un laberinto de difícil salida, sustentado por una burocracia perversa al servicio de una Justicia cada vez más deshumanizada. A salvo de lo que se pueda pensar, esta retórica no es gratuita, todo lo contrario, viene determinada por la estrecha vinculación que dichos ámbitos tienen con la protección y garantía de derechos fundamentales y libertades básicas que, interpretadas de acuerdo con la Declaración Universal de los Derechos Humanos (y otros tratados), nuestra Constitución recoge y garantiza. Quiere decir esto que *a priori* e idealmente cualquier modificación que se quisiera hacer en algunas de las materias más arriba mencionadas deberían someterse a rigurosos estudios científico-técnicos (penales y criminológicos) que garantizaran su viabilidad no tan sólo para adecuarse a la protección y garantía de estos derechos, sino también, y como muestra de la tendencia humanizadora que ha guiado a Occidente desde el final de la Segunda Guerra Mundial, hacia un progresivo reconocimiento de *la dignidad de la persona y de los derechos que le son inherentes* (Art.10.1 CE). Todo ello al margen de distinciones interesadas que quieren ver víctimas y culpables allí donde sólo hay personas más o menos desafortunadas.

Sería necesario hacer un breve resumen de las modificaciones hechas en el articulado del Código Penal de 1995 con el fin de dar a conocer mejor cuál es su alcance:

En primer lugar, comentar que la LO 7/2003 afecta, no tan sólo al Código Penal, sino también a la Ley Orgánica del Poder Judicial (LOPJ), a la Ley Orgánica General Penitenciaria (LOGP) y a la Ley de Enjuiciamiento Criminal (LECr).

— Se reforma el Art. 36 CP que reduce a 3 meses (antes 6) el tiempo de duración mínimo de la pena de prisión, y se introduce en nuestro ordenamiento el llamado período de seguridad que imposibilita el acceso al tercer grado penitenciario a los condenados a más de 5 años hasta que no hayan cumplido la mitad de la condena.

— Se reforma el art. 76 estableciendo como límite máximo de cumplimiento efectivo de las penas los 40 años (antes 30) de cárcel para dos supuestos.

— Se reforma el art. 78 CP en relación con los beneficios penitenciarios (permisos de salida, clasificación en tercer grado y cómputo de tiempo para la libertad condicional) para los casos de delitos especialmente graves o cometidos en el seno de una organización criminal (?) a los que se les aplica un régimen especial ultrarrestrictivo.

— Se reforman los artículos 90 y 91 referentes a la libertad condicional introduciendo un nuevo requisito para poder obtenerla como es el haber satisfecho la responsabilidad civil derivada del delito. En el último parágrafo también introduce una precisión respecto a los condenados por delitos de terrorismo, los cuales para poder acceder a la libertad condicional es necesario que hayan colaborado activamente con las autoridades y manifestado por declaración escrita el repudio de sus actividades (¿acaso puede ser esto exigido?).

— Se reforma el artículo 93 relativo a los casos de incumplimiento de aquellas condiciones que permitieron el acceso a la libertad condicional introduciendo una nueva excepción para los casos de terrorismo. En estos casos, el condenado perderá el tiempo que haya pasado en libertad condicional sin que sea restado del cómputo global de su condena como sucede en el resto de los casos.

— Se introducen dos nuevos apartados en el artículo 72 de la LOGP que desarrollan las nuevas exigencias para la obtención de beneficios penitenciarios.

— Se introduce un nuevo apartado en la disposición adicional quinta de la LOPJ para impedir que se pueda producir una nueva excarcelación sin la intervención del órgano jurisdiccional *ad quem*.

— Se reforma el artículo 989 de la LECr con el fin de que la Agencia Tributaria pueda hacer un seguimiento e investigar el patrimonio del condenado en relación con el art. 90 respecto de la obligación de satisfacer la responsabilidad civil derivada.

— Finalmente, y por medio de una Disposición Transitoria Única, se permite la aplicación retroactiva de los artículos 90 y 91 CP y 72.5 y 72.56 de la LOGP, todos ellos relativos a la obtención de beneficios penitenciarios.

Después de esta retahíla de despropósitos, quiero entender que sólo una mayoría parlamentaria obsesionada con la práctica de políticas extemporáneas y un Poder Judicial fuertemente politizado al servicio de esta mayoría han sido capaces de provocar un daño tan profundo en el seno de un sistema que presume de ser democrático y de Derecho. Estas medidas se alejan de toda política criminal moderna encaminada a la prevención de delitos y a la reinserción de presos y presas para pasar a practicar políticas inocuizantes que tan sólo quieren paralizar aquellos elementos que de una manera u otra se convierten en enemigos del sistema. Diversos estudios han demostrado que a partir de los 20 años de reclusión continuada en la cárcel, no cabe ninguna esperanza de rehabilitación o reinserción del preso o presa, pese a ello el legislador no tan sólo no lo considera sino que en su Exposición de motivos (v. LO 7/2003) se burla de las palabras del gran jurista italiano Cesare Beccaria cuando dice que para frenar los delitos «La certeza del castigo, aunque moderado, provocará siempre mejor impresión que el temor de otro más terrible, unido a la esperanza de la impunidad» (ver su obra *De los delitos y de las penas*, Alianza Ed., Madrid, 1998). Efectivamente, después de esta lección memorable de mediados del siglo XVIII, el legislador hace una interpretación, cínica y perversa, y no sólo hace más cierto el castigo sino que también aumenta su pena sin dar ninguna esperanza de impunidad. Gran parte, entonces, de las conquistas que han humanizado los tratamientos penitenciarios a lo largo de doscientos años de historia quedan desbaratadas de súbito. Nunca, desde la aprobación de la Constitución de 1978, se ha retrocedido tanto en materia penal ni se ha subvertido tan flagrantemente como con esta reforma un principio constitucional tan básico como *el principio de irretroactividad de las leyes sancionadoras no favorables,* o derechos fundamentales especialmente protegidos como la garantía para todos del derecho a la vida y a la integridad física y moral, sin que en ningún caso nadie pueda ser sometido a tortura ni penas o tratos degradantes (Art. 15 CE). En caso de que el legislador aún tuviera dudas respecto a la constitucionalidad de esta reforma, el art. 25.2 de nuestra Constitución es bastante palmario cuando dice que *las penas privativas de libertad y las medidas de seguridad estarán orientadas hacia la reeducación y la reinserción social.* De este modo, cuando el legislador confunde las razones jurídicas con las razones de Estado y cree que la pena de 40 años de cárcel continuada (esto es, sin posibilidad alguna de obtener beneficio penitenciario) está orientada hacia la reeducación y la reinserción social, o que la aplicación retroactiva de leyes sancionadoras no favorables pueden tener cabida excepcionalmente en nuestro ordenamiento constitucional, nosotros como ciudadanos, y más aún, como estudiantes de Derecho, nos hemos de preguntar si existe en nuestro país una verdadera separación de poderes. Parece ser que los atentados del 11 de septiembre se han convertido paradójicamente para Occidente en un oasis donde poder legitimar todas aquellas medidas que el Estado de Derecho y la Democracia le habían negado hasta ahora. Pero claro, cuando estas reformas sólo afectan a una minoría marginal y silenciada como la de los presos y presas, invisibles a los ojos de la sociedad, parece ser que los límites de lo considerado democrático todavía se vuelven más confusos y las garantías del Estado de Derecho se acaban diluyendo. Me pregunto si, lamentablemente, después de los atentados del 11 de marzo en Madrid será posible reenderezar el macabro circo en que se ha convertido la Justicia, redefiniendo un nuevo Estado de Derecho más transparente, más democrático y con más garantías para todos y todas.

TERROR Y CRIMINOLOGÍA EN EL SIGLO XXI: NUEVAS FORMAS DE GUERRA

Luis Carlos Medina Modroño
(Estudiante de Derecho, UB)

Primeramente querría introducir mi exposición con un pequeño análisis del término «terror» y «terrorismo». Según la Real Academia de la Lengua Española la voz «terror» significa lo siguiente: *Miedo muy intenso,* o bien *Persona o cosa que produce terror;* también *Método expeditivo de justicia revolucionaria y contrarrevolucionaria.*

Asimismo la expresión «terrorismo» atiende al significado de: *dominación por el terror, sucesión de actos de violencia para infundir terror.*

A partir de aquí proseguiré con una explicación, en cierta medida desde una postura personal pero sin caer en una exposición meramente subjetiva de mi opinión.

El nacimiento del terrorismo que hoy preocupa a la sociedad internacional se sucede cuando ocurre el asesinato del Rey Alejandro I de Yugoslavia y del Ministro de Asuntos Exteriores en 1934. A raíz de esto el Gobierno francés demandó a la Sociedad de Naciones la elaboración de acuerdos para el control del terrorismo internacional.

Este atentado marcó una cesura y desde entonces el llamado «terrorismo» ha ido evolucionando con rapidez, a tener en cuenta catástrofes producidas por terroristas como las de Kenia y Tanzania en 1998, donde se atentó frente a las embajadas de Estados Unidos o los ataques en Bali y Chechenia, quedando como últimos referentes y como doloroso recuerdo los atentados del 11-S en Nueva York y el 11-M en Madrid.

Todo se globaliza, la economía, la sociedad, la cultura, y el terrorismo no es menos, éste se extiende por todo el mundo creando una red tupida, pero a su vez descoordinada y no por ello menos dañina. Como ejemplo, en Nueva York murieron más británicos que los asesinados por el IRA en 30 años.

Estas nuevas formas de terror llamadas «terrorismo catastrófico» o «Hiperterrorismo» conforman la problemática de la lucha contra el enemigo, un enemigo difícil de localizar y controlar por la extensión y deslocalización de sus individuos.

El resultado es la génesis de una nueva manifestación del terrorismo de gran poder destructivo, con capacidad incluso para bloquear los medios de un Estado y desequilibrar un sistema político que se creía potente e inmune.

Es aquí, entonces, donde nace una nueva confrontación bélica, una nueva forma de guerra, dispersa y compleja, al no conocer, en muchas ocasiones, el paradero de los individuos que movilizan y extienden los grupos de peligro.

El 11-S y el 11-M marcan una ruptura cualitativa y cuantitativa; por primera vez en la historia, una organización no estatal y con fines ilícitos y dañinos ha conseguido superar la potencia destructiva de un Estado soberano. (Murió más gente en el World Trade Center que en Pearl Harbour.)

Ello ha provocado la difícil situación en que se encuentran los países en contra del terrorismo para solucionar tan arduo problema.

El terrorismo moderno supone uno más de los rasgos de la globalización y con ello la circulación de personas se ve perjudicada. *Ad exemplum*, en un aeropuerto internacional se inmiscuyen más en la identidad de un ciudadano afgano o iraquí que va estudiar a un país extranjero que en la identidad de un ciudadano del mismo país, o de algún país europeo o americano que lleve una bomba en la maleta. ¿Debemos caer en el exceso de desconfianza? Esta pregunta es la clave de muchas de las vías de investigación aún abiertas, según plantea el Juez Santiago Vidal.

La semilla que se plantó cuando Estados Unidos y algunos de los países del islam se aliaron con firmeza, ahora ha crecido en forma de odio irracional, muerte y destrucción, en definitiva, terror.

Posiblemente sea la ineficiencia o el poco poder de los «Estados débiles» lo que propicia el crecimiento de esta «red del mal» dentro de sus fronteras. Tampoco podemos omitir la relación de algunos Estados con los mismos grupos terroristas para la consecución de algunos objetivos políticos o económicos, con intensidad en la década de 1980 y aunque hoy no ha cesado en su totalidad, sí ha disminuido el denominado terrorismo de Estado.

Resulta paradójico que los que fueron aliados férreos de Estados Unidos ahora sean los enemigos más temibles.

¿Qué buscan los grupos terroristas? Se puede desprender que de los atentados de 11-S y 11-M respectivamente se buscara un inhumano alarde de fuerza y de capacidad destructiva para intimidar las pretensiones de la democracia y atenuar la voluntad de la población civil que, curiosamente, siempre es la que padece los efectos de las decisiones políticas de sus «representantes».

Como respuesta a estos ataques masivos se han creado planes soberanos, como el llamado «Libertad duradera», que pone en entredicho la voluntad pacificadora democrática y la ocupación al estilo Napoleón en cuanto a demostración de fuerza. (Lo cual rompe con los principios de la Carta de Naciones Unidas, de no intervención y de no uso de la fuerza.)

Es difícil la lucha por la seguridad o la defensa ante el terrorismo debido a la gran deslocalización, así como la incertidumbre de dónde y cómo puede ocurrir el próximo atentado catastrófico.

Medio mundo se encuentra ahora en el punto de mira de algún grupo terrorista, ya sea IRA, ETA, Al-Qaeda o cualquier otro.

Así, paulatinamente han ido cambiando las reglas del juego y las estructuras institucionales para la lucha contra el terrorismo.

William S. Cohen, Secretario de Estado para la Defensa Norteamericana planteó el término de «Guerra Asimétrica» en 1997. Se basó en tres puntos para ello, estos son:

- Terrorismo.
- Armas de Destrucción Masiva.
- Guerra de la Información.

Estos tres elementos conforman el triangulo de poder, si alguien posee los tres se puede convertir en una de las potencias temibles del mundo, como ha sucedido en alguno de los casos.

El 11-S supone también una modificación del sistema penal y criminológico, las medidas que se toman son las siguientes, al menos en EE.UU.

— Aceptación de la nueva legislación antiterrorista de EE.UU., por un período de 4 años.

— Detención durante 7 días de un sospechoso sin tener que imputarle cargos si se sospecha de una vinculación terrorista.

— *Pinchar* teléfonos e Internet sin orden judicial.

— Un solo permiso judicial permite intervenir varios números, incluyendo en este acto a personas inocentes en grupos terroristas.

— Agravamiento de penas por actividades terroristas, o lavado de dinero relacionado con tal empresa.

— Legalización de ciertas formas de tortura para evitar actos terroristas.

— Guantánamo. Creación de zonas de no derecho, ilusión jurídica, no acusación, encarcelamiento arbitrario, restricción de garantías. Incluso los mismos presos se inventaban su propia acusación para poder tener derecho a defensa jurídica, algo insólito si atendemos a las reacciones de cualquier persona que ha sido detenida, de negar todo aquello que se le imputa, con todo su derecho.

Todo ello no nos cae tan lejano, ni tan perdido en el tiempo: España también ha reaccionado de forma similar, aunque a menor escala, a estas acciones. Esto supone una tendencia al miedo y a la no tolerancia que lleva a criminalizar muchas actividades que antes no eran objeto de estudio penal. ¿Es eso lo que queremos?

El terrorismo se encuentra actualmente en una posición que tiene en jaque al mundo y ello debe suponer la búsqueda de nuevas formas eficaces para finalizar lo antes posible esta guerra que germinó hace más tiempo del que la sociedad sabe.

Bibliografía:

Entrevista con el Juez Santiago Vidal, Revista *Fusión* (septiembre 2002).

GARRIDO, V., P. STANGELAND y S. REDONDO (2001), *Principios de Criminología*, Ed. Tirant lo Blanch, Valencia.

HEISBOURG, François (2002), *Hiperterrorismo. La nueva guerra*, Ed. Espasa.

RIVERA BEIRAS, Iñaki (2005), *Mitologías y discursos sobre el castigo*, Ed. Anthropos.

REFLEXIÓN SOBRE EL DESARROLLO DE LOS LLAMADOS GRUPOS TERRORISTAS

Christian García Guillén
(Estudiante del Gradudado en Criminología
y Política Criminal, UB)

El terrorismo como término político describe cualquier persona que intente promover sus opiniones a través de un sistema de intimidación coercitiva. El terrorismo es, por tanto, violencia o, lo que es lo mismo, la amenaza de violencia, utilizada y dirigida en función o al servicio de un objetivo político.

Una vez escribió Wright Mills, profesor de la Universidad de Oxford, que: «toda política es una lucha por el poder, y el poder es, en esencia, violencia». El terrorismo es el punto en el que confluyen política y violencia con la esperanza de conseguir poder. Poder para dominar y obligar, poder para intimidar y controlar y, finalmente, para forzar el cambio político. Por tanto, la violencia es la condición *sine qua non* de los terroristas, quienes están firmemente convencidos de que sólo a través de la violencia podrá triunfar su causa, sus fines políticos y religiosos. Con este propósito en mente, los terroristas planean sus operaciones para conmocionar, impresionar e intimidar, asegurándose de que sus actos sean lo suficientemente arriesgados y macabros como para captar la atención de los medios y, a través de ellos, de la ciudadanía y del gobierno.

¿Y cuáles son esos objetivos fundamentales en los que se basan? Primeramente, como ya he señalado, captar la atención con el fin de obtener la publicidad con más cobertura mediática, el reconocimiento también de sus causas, buscan indudablemente la confirmación de que sus actos se hayan convertido en la noticia de actualidad más perseguida; a la vez, con sus actos violentos, pretenden obtener la aceptación o justificación de su causa, y lo más paradójico, amparada en el reconocimiento de una serie de derechos, también autoridad, cuyo elemento se sustenta en la motivación de la lucha de su movimiento, y así pretender forzar un cambio político y social, poniendo en tela de juicio toda la estructura del Estado. Así pues, asentando con la atención pública, la confirmación de su protagonismo, el reconocimiento de sus derechos y la autoridad intimidatoria, el último paso de gloria y de triunfo para este tipo de organizaciones terroristas es el gobierno, la consolidación de su control directo y completo sobre el Estado y su pueblo.

Cabe indicar que desde el nacimiento de la Edad Moderna todavía ningún movimiento ha conseguido obtener los dos últimos elementos, la autoridad y el gobierno, pero sería una grave irresponsabilidad desvalorar dicha posibilidad, ya que el camino de todo terrorista es la esperanza de llegar a ese fin primordial.

A lo largo de la historia, las insurrecciones etnonacionalistas, concretamente durante la Segunda Guerra Mundial, tuvieron una influencia considerable y duradera en posteriores campañas terroristas. Organizaciones representativas de la violencia como la Organización Nacional Chipriota de Resistencia, así como el Frente para la Liberación de Palestina, resultan fundamentales para la comprensión de la evolución y el desarrollo del terrorismo contemporáneo. La capacidad de estos grupos significó una poderosa lección para otros pueblos del mundo que vieron en el terrorismo una forma efectiva de transformar conflictos hasta entonces locales en temas internacionales. De esta manera, se establecieron los cimientos para que, a finales de 1960, el terrorismo pasara de ser un fenómeno localizado a convertirse en un problema de seguridad de proporciones globales.

Grupos terroristas como ETA y Al Qaeda son semejantes en la naturaleza de sus motivaciones básicas, pero se diferencian claramente en algunas características centrales.

Primero surgió una primera ola que correspondería al terrorismo anarquista de finales del siglo XIX; la segunda ola vendría a ser el terrorismo anticolonialista en los años de 1920; la tercera ola, llamada de la «nueva izquierda», fue en la década de 1960 e incluye el terrorismo europeo como ETA y otros de Perú, Sri Lanka y Colombia; y finalmente una cuarta ola que englobaría al terrorismo religioso de la actualidad.

Pues bien, conociendo muy escuetamente el proceso de cambio que ha sufrido el llamado «movimiento terrorista», podemos percatarnos del proceso de desarrollo de estos grupos de terrorismo etnonacionalista y separatista de la época poscolonial, confluyendo finalmente en la aparición de movimientos oscuros, de grupos religiosos ardientemente nacionalistas y de organizaciones paramilitares de extrema derecha con posiciones absolutamente antigubernamentales que representan una amenaza distinta, pero potencialmente más letal que aquellos terroristas tradicionales, porque es, en esencia, un peligro mucho más disforme y difuso.

Hay cuatro diferencias esenciales entre el terrorismo tradicional y el nuevo terrorismo internacional o fundamentalista: los objetivos, las dimensiones, la organización y la estrategia.

• Los *objetivos* de Al Qaeda son significativamente más amplios, ya que su pretensión se centra en el control total de los países musulmanes a través de la guerra en esos mismos países y en Occidente. Podríamos señalar, por otro lado, que lo objetivos del terrorismo tradicional, llamémosle ETA, son modestos en comparación a Al Qaeda. Pero no menos importante uno que el otro, ¡cuidado!

• Las *dimensiones* de este nuevo terrorismo fundamentalista se caracterizan principalmente por su capacidad de acción. Es este terrorismo el que ha realizado el mayor atentado terrorista de España, y el segundo más grande de Europa tras el de Lockerbee. Y lo único que debemos hacer para cerciorarnos sobre este aspecto es acercarnos a las cifras, que hablan por sí solas: casi tres mil víctimas el 11 de septiembre de 2001 y 190 muertos el 11 de marzo de 2004.

• En cuanto a la *organización*, Armando Spataro, fiscal adjunto y coordinador del grupo antiterrorista de la Fiscalía de Milán, la más activa en Europa en investigaciones sobre Al Qaeda, ha extraído una conclusión importante que señala que, mientras las organizaciones terroristas europeas son formales, con órganos estructurados y reparto de tareas, el terrorismo islámico se caracteriza por su disgregación y por la pérdida de las referencias territoriales.

• Finalmente, la *estrategia* de ETA se basa en la consecución de acciones de presión, mientras que el terrorismo internacional declara abiertamente la guerra a los *malos* musulmanes, gobiernos y ciudadanos, a aquellos países occidentales con un sistema que el fundamentalismo considera negativo. Les pregunto pues a nuestros ilustrados invitados: ¿Es acertado, en el caso del terrorismo islámico, hablar de guerra continua y no en el caso del terrorismo tradicional?

En este punto y habiendo expuesto aspectos relevantes sobre los claros objetivos de Al Qaeda, resulta curiosa, o más bien paradójica, la reacción de la Administración Bush. Porque ésta, al parecer, consideraba el *yihadismo* un fenómeno fantasmagórico. Esto no es producto de mi invención, esto lo reconoció la consejera de Seguridad Nacional, Condoleezza Rice, a la Comisión bipartidista que ha investigado el 11-S en Estados Unidos. Rice declaró a esta Comisión lo siguiente el 8 de abril de 2004: «Los terroristas estaban en guerra con nosotros, pero nosotros no estábamos en guerra contra ellos. Durante más de veinte años se fue acumulando la amenaza terrorista, pero la respuesta de Estados Unidos fue insuficiente. Por mucho que se utilizara el lenguaje bélico antes del 11-S, este país, simplemente, no estaba en pie de guerra».

Bien, ante estas declaraciones recordemos, por ejemplo, el texto de Osama Bin Laden de 1998 en el que llamaba a la *yihad* contra los americanos: «[...] Sobre esta base, y en cumplimiento del mandato de Alá, promulgamos la siguiente *fatwa* para todos los musulmanes: la obligación de matar a los americanos y a sus aliados, tanto civiles como militares, es un deber individual para todo musulmán que puede cumplirlo en cualquier país que sea posible hacerlo, con el fin de liberar la mezquita Al-Aqsa y la santa Mezquita de sus garras, y con el fin de que sus ejércitos abandonen las tierras del islam, derrotados e incapaces de amenazar a musulmán alguno. Esto está de acuerdo con las palabras de Alá todopoderoso: "... y luchad contra los paganos todos juntos, así como ellos luchan contra vosotros todos juntos", y "luchad contra ellos hasta que no haya tumulto u opresión, y prevalezcan la justicia y la fe en Alá". [...] Nosotros, con la ayuda de Alá, hacemos un llamamiento a todo musulmán que crea en Alá y desee ser recompensado para que cumpla el mandato de Alá de matar a los americanos y despojarles de su dinero en cualquier lugar y tiempo en que los encontraren. Hacemos también un llamamiento a los ulemas, dirigentes, jóvenes y soldados musulmanes para que tiendan la emboscada a las satánicas tropas de Estados Unidos y a los ayudantes del Diablo aliados con ellos, y que expulsen a quienes están detrás de ellos para que aprendan la lección».

Como han podido oír, este manifiesto estremece hasta al más recóndito de los seres más siniestros y fúnebres. Esto se dijo en 1998 por Bin Laden, y en el 2004 la consejera de Seguridad Nacional Condoleezza Rice declara públicamente y con una relajación deslumbrante que «Estados Unidos, simplemente, no estaba en pie de guerra».

Hasta el responsable del Grupo de Seguridad Antiterrorista hasta principios de 2003, Richard Clarke, ha acusado a George Bush de haber mostrado una escasa sensibilidad ante la amenaza de Al Qaeda. Pero lo más llamativo es que Clarke ha añadido a esta crítica su valoración de que Estados Unidos tenía que haber emprendido acciones militares contra Bin Laden mucho antes, dada la gravedad de la amenaza que suponía.

Es imprescindible, pues, que seamos capaces de definir la identidad de estos nuevos tipos de adversarios, para que se pueda determinar qué tipo de medidas pueden tomar contra ellos gobiernos, ejércitos y servicios de seguridad.

Y es que algunos de nuestros conceptos referentes sobre los terroristas y los actos que comenten se quedan en el pretérito cuando introducimos en el estudio del terrorismo internacional los nuevos datos sobre el crecimiento del terrorismo religioso y su transformación en estos últimos años, como una fuerza motriz para una cada vez mayor violencia y destrucción. Y lo más preocupante de estos grupos es su acceso a la información y a los componentes clave para la obtención a todo tipo de armamento. Los atentados del 11-S y del 11-M sirven de recordatorio de lo difícil y complejo que es el problema del terrorismo y de cómo las respuestas de los gobiernos deben ser, en consecuencia, tanto innovadoras como multidimensionales para conseguir resultados efectivos y demostrables.

La respuesta en forma de guerra que Estados Unidos le ha dado a Irak como consecuencia al 11-S ha sido debatida, e incluso condenada, con gran fervor. Pero, aunque la legitimidad de los ataques norteamericanos, y también británicos y españoles, sigue siendo motivo de intenso y, a menudo, polémico desacuerdo, hay una cosa que es evidente: ha comenzado una nueva era para el terrorismo y esta vez se presenta con un gran potencial de ser más sangriento y más destructivo de lo que ha sido nunca.

Por tanto, el reto no sólo para Estados Unidos sino para otros gobiernos igualmente afectados por el terrorismo es evitar que cualquier tipo de violencia llegue a su destino.

La aparición de esta nueva tendencia significa, nada más y nada menos, la necesidad de cambiar nuestra forma de pensar sobre el terrorismo y las políticas que se requieren para enfrentarse a él.

En la jornada de ayer, el profesor Bonelli puntualizó en una de sus intervenciones su disconformidad con el uso de un término muy utilizado, por cierto, en mi exposición, que es la palabra «terrorismo». Señalaba que dicho vocablo debería ser substituido por «violencia política». Bien, basándome en el rápido panorama que todos ustedes han podido escuchar, me temo que debo discrepar con el profesor y, espero, si es posible, que al final me exponga su punto de vista. A mi parecer la expresión «violencia política» se queda a medio camino de todo lo que supone el activismo fundamentalista. Estoy de acuerdo en que la política es uno de los detonantes principales de todo movimiento. ¿Pero cree que es éste el único ámbito de deseo con el cual se trazan los fines y los motivos de la amenaza? Si toda acción violenta se sustenta mediante una serie de repercusiones psicológicas, mediante la explosión del miedo, seguramente los objetivos no sólo se enmarcarán en la dominación política, sino también buscarán la dominación bajo las estructuras del propio contexto social, invadiendo desde la ideología a las costumbres civiles, desde la cultura hasta los órganos de seguridad nacional.

Cualquier cosa que se nos pase por la cabeza será víctima de ser expuesta a un cambio radical, a un cambio donde la democracia será destruida dando lugar, por tanto, al nacimiento de un nuevo *status quo* tiránico e infame. Ya sea «violencia política» o «terrorismo», la causa fundamental del terrorismo, profesor Bonelli, es el fanatismo, y eso conlleva no sólo el deseo por la posesión del poder político, sino también del social y del económico.

Si me permiten, y ya para acabar, podríamos enlazar lo recientemente comentado con la intervención del profesor Rivera el día de ayer. En el cuerpo de una pregunta que el profesor formulaba, argumentó su preocupación por este terrorismo fundamentalista que acecha a todo gobierno que se considere democrático, así como los ataques perpetrados por las tropas norteamericanas en la guerra de Irak. Planteaba en qué situación se encuentra en la actualidad EE.UU. y Europa, y manifestaba su preocupación por la posibilidad futura de que el terrorismo acabe solapándose a los marcos jurídicos, sociales y culturales provocando quizá, un nuevo Holocausto.

Éste es un tema ciertamente muy a considerar en nuestras reflexiones porque, indudablemente, este planteamiento puede llegar a cobrar vida y a desatar su maldad más feroz sobre todos nosotros. Y es que en el 11-S y el 11-M pudimos experimentar la sensación más sombría de la vida, pudimos sentir la vulnerabilidad de nuestra existencia frente al poderoso instrumento llamado fanatismo.

Esperemos ver pronto la luz de un nuevo concepto de democracia y de libertad que asuma realmente la necesidad de protección de los individuos para que esa libertad y ese conjunto de derechos democráticos se conviertan en una realidad y no, nuevamente, en un universo concentracionario.

GUERRA Y POLÍTICA CRIMINAL

Russell Navarro Carrillo
(Estudiante de Derecho, UB)

Desde tiempos inmemoriales el acto de la guerra se ha desarrollado como un acto impresentable, triste y amoral. El afán de protagonismo combinado con el odio y el rencor han dado lugar a que numerosos reyes, militares, etc., hicieran uso del ejercicio beligerante que tanto ha enturbiado a la humanidad desde tiempos muy remotos. Si bien desde hace muchos años se viene siguiendo un criterio o idea de la cual se desprende que se debe ser piadoso con los prisioneros y no beligerante con la población civil, dicha idea no es más que un buen propósito, que desgraciadamente se viene rompiendo con excesiva facilidad.

Tristes antecedentes tenemos desde antaño: las cruentas guerras babilónicas, el inexpugnable imperio romano capaz de demoler hasta la misma tierra de Cartago, siguiendo por las brutales explotaciones y el expolio realizado en toda América, hasta llegar a fechas más recientes como la cruenta Segunda Guerra Mundial (donde el grado de humanidad se redujo a la mínima expresión) o a los hechos despiadados que se vinieron produciendo en el sector de los Balcanes o Kosovo.

Una fecha importante y de la que quiero hacer mención se sitúa el 26 de junio de 1945. Una vez finalizada la feroz y esperpéntica guerra mundial y ante el gran impacto y conmoción que originó, se llevó a cabo y con carácter urgente la creación de una organización supranacional que gestionara y arbitrara a favor del interés de la colectividad y acabara con los partidismos particulares; a esta organización se la denominó Organización de Naciones Unidas, y en el capítulo primero, art. 1, de su Carta constitutiva se promulga la idea de «tomar medidas para prevenir y eliminar amenazas a la paz, y para suprimir actos de agresión u otros quebrantamientos de la paz».

También en su artículo 2.4 se prohíbe la amenaza y el uso de la fuerza contra cualquier forma incompatible con los propósitos de las Naciones Unidas.

Todo ello fue creado para la no disputa de ninguna otra guerra, o por lo menos con la idea de que la ONU controlase por medio de su Consejo de Seguridad Permanente la no realización de ninguna actividad bélica.

Dicho objetivo ha quedado desbaratado con la toma de acciones beligerantes por parte de EE.UU. en una guerra contra Irak, de la cual se desprende que no es legal, ya que no está sujeta al veredicto de la ONU y, por tanto, no está sujeta al derecho internacional; tampoco está bajo la tutela de los derechos humanos internacionales, debido en gran medida a la entrada que han tenido los norteamericanos en la zona, y a la dura represión realizada en ella. Una vez finalizada la guerra, la dura represión no hizo más que empezar; una dura represión con espectáculos y vejaciones del todo denunciables.

Existen numerosos ejemplos; analizaremos algunos:

Las humillaciones y los abusos a que fueron sometidos presos iraquíes en noviembre y diciembre de 2003. Fueron interrogados 17 militares, 6 fueron suspendidos y otros 6 afrontaron un consejo de guerra por crueldad, maltrato, asalto y actos agraviantes contra los presos.

Algunos fueron forzados a simular que mantenían relaciones sexuales, otros tenían cables eléctricos conectados a sus genitales. Uno de los reos fue situado de pie, encima de una caja con la cabeza tapada y con las manos atadas, y se le decía que si caía se electrocutaría. Otra vejación consistió en que un perro atacó a un preso, mientras que otra consistió en realizar una pirámide de iraquíes desnudos, con las cabezas cubiertas por capuchones. Uno de ellos tiene incluso un insulto escrito en inglés en el cuerpo.

Como se puede entender, la actuación de varios soldados y superiores del ejército estadounidense estuvieron apartadas del derecho y la razón humana.

Las nulas garantías de los detenidos y la violación de su integridad física y humana sitúan a estos individuos fuera del derecho.

Actuaciones como éstas han sido denunciadas por Amnistía Internacional (AI), ha advertido un año después del estallido de la guerra de Irak que el pueblo iraquí sigue sufriendo graves violaciones del derecho internacional, los cuales se manifiestan en el uso «excesivo o innecesario» de medios letales por parte de las tropas de la Coalición, con lo que se ha causado la muerte de un número indeterminado de civiles, y la privación de la libertad para miles de personas (8.500 según la Autoridad Provisional de la Coalición, unas 15.000 según las organizaciones iraquíes de Derechos Humanos), en duras condiciones, por tiempo prolongado y, en muchos casos, sin que se haya reconocido su detención. Gran número de personas han sido torturadas o maltratadas, y algunas han muerto bajo custodia, aseguró la Organización.

Según el informe de AI, un año después del comienzo de la guerra se sigue matando a civiles iraquíes todos los días. Se calcula que desde el 18 de marzo de 2003 más de 10.000 civiles han muerto a causa directamente de la intervención militar en Irak, bien durante la guerra o durante la ocupación posterior. Esta cifra es un cálculo aproximado, ya que las autoridades no quieren o no pueden catalogar los homicidios.

DE «ATENTADO TERRORISTA» A «GUERRA PREVENTIVA»

Javier Velilla Giménez
(Estudiante de Derecho, UB)

El papel de los medios de comunicación de masas en la creación de una respuesta al 11-S y al 11-M

11 de septiembre de 2001: dos torres-símbolo de 119 pisos son destruidas en el mayor atentado terrorista de la Historia, en el que mueren 2.801 personas. Del mismo modo que con la caída del muro de Berlín, el planeta deja de ser el que era. Pero, ¿cuáles son sus rasgos actuales? ¿Cuál es el papel de los medios de comunicación en este proceso de cambio?

«La neutralidad ya no es una opción.»[1] Tal vez, una de las figuras que mejor define algunos de los cambios de mentalidad que supusieron los atentados terroristas del 11-S es Andrew Sullivan, antiguo editor de *The New Republic* y colaborador como analista de política norteamericana en *The Sunday Times* de Londres. En su opinión, a partir de ahora «toda una generación crecerá teniendo esto como su experiencia más formativa; una generación joven que sabe que hay un bien y un mal, y que la neutralidad ya no es una opción».[2] Y para la socialización de esta nueva generación los medios tienen un papel protagonista, especialmente desde que las democracias occidentales renuncian a la participación ciudadana a favor de mecanismos de representación política.[3]

---

1. *El País*, domingo 8 de septiembre de 2002.
2. *El País*, domingo 8 de septiembre de 2002.
3. El auge de la representación política crea «gobiernos de la opinión pública».

194

En el campo político y jurídico, esta pérdida de neutralidad tiene unas consecuencias muy importantes. Los hechos del 11-S (los ataques sobre el World Trade Center y el Pentágono) han creado un enemigo del *Imperio*, en la terminología adoptada por Michael Hardt y Toni Negri. Según sus tesis, «el imperio no nace por las partes implicadas en un conflicto ya existente, el imperio es convocado a nacer y se constituye sobre la base de su capacidad para resolver conflictos».[4] Esa «resolución», como veremos, es muy problemática.

Los medios tienen un papel generador de significado: reinventan o representan los fenómenos sociales. No es una casualidad que se considere al político francés Jacques Necker el artífice de la popularización de la expresión *opinión pública*: nombrado en 1777 director de Finanzas, relacionó la situación financiera de la monarquía con la opinión de los acreedores.

La guerra de Cuba es uno de los ejemplos clásicos de ese poder.[5] En 1898 un periodista desplazado a Cuba del diario *New York Journal*, uno de los paladines del amarillismo, escribió a su redacción el siguiente mensaje: «No hay guerra aquí, pido que me llamen para que vuelva».

Su jefe era William Randolph Hearst, y le contestó con un mensaje que ha pasado a la Historia: «Quédese ahí. Suminístrenos los dibujos, yo le suministro la guerra». La explosión del *Maine* supuso el inicio de una campaña desde todos los diarios que controlaba Hearst con titulares como «¡Recuerden el Maine! ¡Al diablo con España!». Las ventas del *New York Journal* pasaron de 30.000 ejemplares a sobrepasar regularmente el millón. Presionado por la opinión pública, el presidente William McKinley decla-

---

4. M. Hardt y A. Negri: *Imperio*. Colección Estado y sociedad. Paidós. Barcelona. 2002.

5. Otro es el pánico colectivo que creó en 1938 el cineasta estadounidense Orson Wells con un programa radiofónico de ficción sobre la presencia de extraterrestres en la Tierra.

ró la guerra a España el 25 de abril de 1898 y rápidamente se hizo con el control de Cuba. La explosión del *Maine* se debió a un fallo en la sala de máquinas.

El estudioso norteamericano Paul F. Lazarsfeld aseguraba ya en 1948 que «en nuestra sociedad, la ampliación del debate político mucho más allá de los límites del contacto cara a cara es posibilitada por la existencia de los *mass-media*. Diarios, revistas, radio y ahora televisión son esenciales para el proceso de «dar sentido a la reunión» cuando tal reunión abarca a más de cincuenta millones de participantes.[6] Así, el 11-S, Perejil e Irak fueron los temas que más preocuparon a los españoles en el año 2003, según el informe INCIPE (Instituto de Cuestiones Internacionales y Política Exterior).[7] En opinión de Sábada y Laporte, estudiosas de la Universidad de Navarra, «los medios de comunicación, en cuanto que configuradores de espacio público, tienen una importante función en la definición de fenómenos sociales, sobre todo si son emergentes».[8] Hay incluso quien se refiere al periódico directamente «como actor político».[9]

Siguiendo con las definiciones, el terrorismo es, según el Diccionario de la Real Academia, una sucesión de actos de violencia ejecutados para infundir terror. Para algunos estudiosos, se trata de un fenómeno eminentemente mediático: es una forma de violencia que se produce con el propósito de convertirse en noticia, asegura Clutterbuck. La guerra, por el contrario, es la «lucha armada entre dos o más naciones o entre bandos de una misma nación».

6. M. Moragas (editor): *Sociología de la comunicación de masas. III. Propaganda política y opinión pública*. Colección Mass Media. Gustavo Gili. Barcelona. 1986.

7. Además, el diario *El Mundo* el 3 de julio de 2003 recogía que el estudio manifiesta que la opinión pública los problemas acaecidos con Marruecos, Gibraltar e Irak han constituido «errores».

8. M.ª Teresa La Porte: *Del 11/S al 11/M: incidencia del discurso político de la Administración estadounidense en la cobertura del terrorismo islámico*. Facultad de Comunicación. Universidad de Navarra. 2004.

9. H. Borrat: *El periódico, actor político*. Gustavo Gili. Barcelona, 1989.

Y es que la diferencia entre guerra y terrorismo, más allá de lo meramente conceptual, supone una serie de consecuencias vitales en el orden internacional que no pretendo analizar. En esta comunicación me centro más en los recursos retóricos para lograr un cambio conceptual en la ciudadanía (en la llamada retaguardia, en las ciudades alejadas del frente pero afectadas en su propia naturaleza) que implica un nuevo equilibrio entre seguridad y libertad. Y ese equilibrio debe jugar, entre otros, con los datos de un estudio realizado en septiembre de 2002 por Gallup con motivo del primer aniversario de los ataques terroristas del 11-S: «España es el país que más cercana siente la amenaza del terrorismo, con un 62 % de los encuestados que manifiestan su temor a un atentado en territorio nacional en las próximas semanas.[10] Esta cifra es incluso superior a la de Estados Unidos, donde un 61 % de sus ciudadanos perciben dicha amenaza en su país».

Este nuevo esquema ideológico está convencido (más allá de las palabras de Clausewitz de que «la guerra nunca es una causa, siempre es la continuación de la política por otros medios») que la guerra no es ya el último recurso. Tras el 11-S debe ser entendida como un elemento de autoafirmación democrática.

No es casual que el discurso de investidura del segundo mandato de Bush haya estado marcado por la palabra libertad (que repitió en 42 ocasiones en 20 minutos escasos de discurso; por ejemplo: «América, en este joven siglo, proclama la libertad para todo el mundo y todos sus habitantes»). La opinión pública española era contraria a esta tesis: según datos de un estudio realizado en septiembre de 2002 por Gallup, España (junto con Canadá) es el país que menos considera que el mundo musulmán

---

10. El estudio se realizó en Estados Unidos, Canadá, España, Italia y Reino Unido.

esté en guerra contra el cristiano.[11] De todas maneras, según el mismo informe, más de la mitad de los españoles (51 %) está conforme con la política de George W. Bush frente al terrorismo (sólo el 29 % la desaprueba). El presidente estadounidense contaba en septiembre de 2002 con el respaldo del 76 % de sus ciudadanos.

La revista *Time* editorializaba el hecho con el titular: *Bush's «Freedom Speech»*, y señalaba que Bush *says he identified the enemy half-dozen times in his speech; says archenemy of freedom, now as ever, is tyranny*. Por su parte, la CBS aseguró, desde una óptica positiva para el presidente estadounidense, que *Bush Turns To Ambitious Agenda*, y destacaba la siguiente frase del discurso: *I'm looking forward to putting my heart and soul into this job for four more years*.

No hay que olvidar el papel crucial de los medios de comunicación, porque quienes van a la guerra son los pueblos liderados por sus gobernantes bajo los auspicios de la prensa. La población (a través de la opinión pública) tiene un papel protagonista para tomar las medidas que se emprendieron tras el 11-S. El lenguaje forma parte esencial del arsenal de una guerra: en Ruanda, la tristemente célebre Radio Televisión Libre des Mille Collines (RTLM) es un ejemplo contemporáneo de ese poder, cuando emitía que «los tutsis no merecen vivir: hay que matarlos. Incluso a las mujeres preñadas hay que cortarlas en pedazos y abrirles el vientre para arrancarles el bebé».

Con motivo de esta segunda investidura los titulares de la sección de internacional de la prensa española, publicados el pasado 21 de enero, dan una idea aproximada de la importancia de los matices para convencer a la ciudadanía.

_____

11. El 68 % de los españoles consultados no considera dicha situación, el 17 % no sabe / no contesta, y el 15 % sí siente esa amenaza. En EE.UU., en cambio, el 60 % de los ciudadanos se siente amenazado por el mundo musulmán.

ABC: George W. Bush: «Nuestro objetivo final es acabar con las tiranías en el mundo».

El Mundo: «Bush asume como misión personal "acabar con la tiranía en el mundo"».

La Razón: «Bush apuesta por "entender la libertad en el mundo" en su toma de posesión». En su editorial destaca que «el discurso de investidura vuelve a ser sencillo, conciso y directo, igual que el mensaje electoral que le dio la victoria en las urnas en noviembre y que le convirtieron en el político más votado de la historia del país. Para sus enemigos, una elección: libertad u opresión».

La Vanguardia: «Bush vincula la seguridad de EE.UU. al fin de las tiranías».

El País: «42 veces libertad».

El Periódico: «Bush vincula libertad con seguridad» y la editorial empieza con un claro «Un Bush inquietante», donde se afirma que «la insistencia en ampliar su política de "exportación" de democracia, el abuso de la palabra "libertad" y su subordinación a la seguridad, y la invocación a la voluntad de Dios son de mal augurio si se recuerda cómo se han manoseado y aplicado estos principios en Irak».

De ahí que los dirigentes estadounidenses utilizaran constantemente expresiones como «iremos a por ellos» y «los culpables lo pagarán allí donde estén» que se contagiaron (no sólo) en el pueblo norteamericano. El presidente de EE.UU. y su entorno determinaron que «los ataques del 11 de septiembre constituyeron en realidad un ataque contra todos los países civilizados». Así, por oposición binaria, se apropiaron del lado positivo frente al concepto «barbarie», que asocian todavía hoy al mundo islámico en general.

El ataque al World Trade Center es considerado por la Administración estadounidense como un acto similar al bombardeo de Pearl Harbour; y, por tanto, debe entenderse como una declaración de guerra contra los Estados Unidos. La acción de refuerzo de esta tesis por parte de los medios estadounidenses es inmediata: la portada del diario *USA Today*, uno de los más populares de Estados Unidos, el mismo día 12 de septiembre era *Acts of War*. En sentido contrario, la propia ONU había sido muy clara en su primera respuesta: «los actos del pasado día 11 de septiembre, al igual que todo acto de terrorismo internacional, constituyen una amenaza para la paz y seguridad internacionales».[12]

De un modo organizado y efectivo desde Estados Unidos se creó una conciencia de que se trataba de un ataque bélico tradicional, y, por lo tanto, ese ataque requería una respuesta contra el enemigo y contra los que lo amparaban. El derecho a la legítima defensa hunde sus raíces en un «derecho inmanente», según la propia Carta de Naciones Unidas.

La guerra contra el terrorismo se convierte en las mentes y corazones del público en una guerra para defender su propia civilización. En España, guerra se empleaba en clave internacional, y terrorismo en clave interna. Además, desde varias secciones de Economía se trató el conflicto desde el punto de vista económico, donde se hacían proyecciones sobre la futura evolución del crudo o sobre la entrada de empresas nacionales en nuevos mercados entre otros factores.[13]

Tras los hechos del 11 de septiembre, los contenidos de muchos medios de comunicación compartían una agenda informativa común: para ello existía la Oficina de Influencia Estratégica, creada bajo las órdenes de Rumsfeld y de Douglas Feith con la misión de difundir informaciones que sirvieran a la causa de Estados Unidos. Las cuatro recetas eran propaganda, información unidireccional, comunicación asimétrica bidireccional (en la que se tienen en cuen-

---

12. Resolución 1.373 del 28 de septiembre de 2001.
13. El vicepresidente Dick Cheney defendió en varias ocasiones que «el derrocamiento de Sadam traerá beneficios».

ta las posiciones ajenas para influir en beneficio propio) y comunicación simétrica bidireccional. En ese sentido, por ejemplo, podemos entender el anuncio de la aprobación de un presupuesto militar que supone alrededor del 40 % de los gastos militares mundiales o la filtración de la doctrina sobre el uso de armas nucleares como elemento de combate, aun cuando el enemigo carezca de ellas.

Según estudios sobre la opinión pública de Noelle-Neumann,[14] los medios son el principal vehículo por el que las personas perciben cuál es la opinión que va ganando, y eso es fundamental para posicionarse socialmente. Denominada «espiral del silencio», esta teoría está ampliamente reconocida actualmente y explica la razón por la que la gente se adhiere a la opinión que le parece más sólida, mientras que los del otro bando se desaniman e incluso cambian de opinión. De ahí la importancia del creciente «periodismo patriótico».

Me planteo serias dudas deontológicas sobre la posibilidad de adjetivar el concepto de periodismo. Sólo existe el buen periodismo (tal vez basado exclusivamente en informar a su público con honestidad); el mal periodismo no es periodismo. Frente a esta postura, al servicio de la Administración Bush fue contratada la publicista Charlotte Brees, que acuñó e impulsó el ya conocido «periodismo patriótico».

El problema del 11-S y sus consecuencias se plantearon en la prensa (no sólo americana) en clave de patriotismo según el estudio de Rodolfo Vidal, visiting assistant professor en la Miami University. Para Vidal, «los temas más frecuentes en las fotografías de primera página son, sobre todo, el patriotismo, que coincide con el mensaje general en el interior de las revistas».[15] Así, los persona-

---

14. E. Noelle-Neumann: *La espiral de silencio*. Paidós. Barcelona, 1995.
15. Crónica de los hechos y patriotismo: El contenido de las revistas estadounidenses sobre los atentados del 11 de septiembre; en http://www.ehu.es/zer/zer12/vidal12.htm

jes de mayor relevancia en las fotografías de las páginas interiores de estas revistas son, como en las portadas, los bomberos de Nueva York, con una presencia del 17,9 % sobre el total de fotografías.

Las expresiones más repetidas fueron *America, American people, our culture*. Además, según el mismo estudio, las fotografías ocuparon el 42,5 % del espacio informativo de las revistas estadounidenses; en opinión de Vidal, «la razón probablemente sea que la rapidez con que aparecieron estos números dio poco tiempo al análisis verbal de los acontecimientos».[16] Además, expertos de instituciones como American Enterprise o Heritage Foundation han logrado controlar los textos de los medios y establecerse en exclusiva en las tribunas de prensa y televisión.

Gran parte de esta labor la dirigió Charlotte Beers, jefa de diplomacia pública de Colin Powell. Antigua directora de J. Walter Thompson (de ella Colin Powell dijo: «Yo quería a una de las mejores expertas en publicidad. Porque, ¿qué estamos haciendo nosotros? Estamos vendiendo. Estamos vendiendo un producto. El producto que vendemos es la democracia. Es el sistema de libre empresa, el sistema de valores norteamericanos»), hasta cierto punto logró unir en una realidad indisociable la imagen norteamericana de víctima y amigo con la doctrina del ataque preventivo.

El resultado está muy claro para el historiador y analista político británico Timothy Garton Ash (conocido por acabar con el mito de que los europeos son de Venus y los estadounidenses de Marte): se clamará venganza por encima de la pérdida de derechos civiles,[17] tanto en el propio territorio

---

16. http://www.ehu.es/zer/zer12/vidal12.htm

17. *El País*, sábado 15 de septiembre de 2001. Según se desprende del citado estudio de Gallup, el 67 % de los españoles considera que los derechos y libertades individuales en España no se han visto alterados desde el ataque terrorista a EE.UU. Pero es preocupante que un 24 % considere que han variado. Según el estudio, es en EE.UU. e Italia donde más se percibe un empeoramiento en el respeto a las libertades individuales.

(en la llamada retaguardia) como en el extranjero. Así se hizo. La política exterior norteamericana, y de su mano otras naciones, entran en una dinámica propia de conflicto global, intentando justificar la intervención armada como medio para sofocar una potencial amenaza internacional.

Parte del éxito de esta campaña fue el efecto sorpresa que produjo la catástrofe junto a su relevancia política y social. Los medios fueron incapaces de diseñar un plan de respuesta ante la crisis. Para Edward W. Said, «son incontables los editoriales, en todos los periódicos y revistas importantes de EE.UU. y Europa, que contribuyen a este vocabulario desmesurado y apocalíptico, cuyo uso no está pensado para edificar, sino para inflamar la indignación del lector como miembro de "Occidente"».[18] Es significativo, por ejemplo, que Bush describiera públicamente el inicio de la guerra preventiva como una «cruzada contra el terrorismo»,[19] que es justo lo que precisaban los países árabes para sentirse ofendidos. El que fuera fiscal general, Ashcroft, lo resume brevemente: «en el combate entre el bien y el mal sabemos, como nos recuerda el presidente Bush, que Dios no es neutral».[20]

En clave «interna», el editorial del diario *ABC* es muy clarificador de esta misma ideología, y durante esos días repitió el mensaje: «ya no basta con el rechazo ni con la condena a la violencia, si al mismo tiempo acogen, cobijan y permiten la financiación y el entrenamiento de los terroristas».[21] Desde el editorial de este diario del 15 de septiembre de 2001 se recogen directamente las citadas

---

18. *El País*, martes 16 de octubre de 2001.

19. Es el título, además, de un artículo de Susan Sontag en *El Mundo* el 12 de septiembre de 2002. En él, Sontag afirma: «Quienes se opusieron al lenguaje de *yihad* utilizado por el Gobierno de EE.UU. (bien contra mal, civilización contra barbarie) fueron acusados de aprobar los atentados, o al menos la legitimidad de los motivos de queja que había tras ellos. Bajo el lema «Unidos resistimos», la llamada a la reflexión se hizo equivalente al desacuerdo y el desacuerdo a la falta de patriotismo».

20. http://www.usdoj.gov/ag/speeches/2002/21902religiousbroadcasters.htm

21. *ABC*, 12 de septiembre de 2001.

tesis de Andrew Sullivan: «frente al terror no es posible la neutralidad».

La no condena expresa (también en España) se convierte en colaboracionismo con el terror. No había capacidad para dudar (eso mismo ha sido uno de los ataques a Kerry en las últimas presidenciales de Estados Unidos). Ya Rousseau hace 250 años manifestaba que la opinión pública es protectora de la sociedad por encima de intereses individuales. Para los medios de comunicación (sobre todo tras el conflicto de Vietnam), la información en tiempos de guerra es un bien muy maltratado. Los fines propagandísticos son evidentes.

Tras el 11-S los propios medios se limitaron a no emitir escenas del horror y renunciaron a emitir videos de Osama Bin Laden sin el permiso expreso de la Casa Blanca (por supuestos temores a mensajes en clave). Pero estas limitaciones funcionan en España sólo en la sección Nacional (lo vimos con el tratamiento del 11-M), aunque habría que plantearse extender estas ansias de pulcritud a la sección de Internacional, donde los cadáveres «extranjeros» parecen no afectar al pudor.

Ya en los años de 1980, respecto al papel de los medios, Margaret Thatcher se había lamentado de que el tratamiento de la BBC a la guerra de las Malvinas había sido «demasiado objetivo». Tras el 11-S se potenciaron los mensajes patriotas no verbales, como el que podía verse en la mancheta de la revista *Time*, cuyas letras eran, respectivamente, rojo, azul, blanco y negro. También se recogió la importancia de los héroes en un sentido amplio (así es como los medios de comunicación consideraron de forma global a los bomberos y a los policías).

Para Ulrich Beck es necesario hacer la ley y no la guerra («la política mundial es devuelta a bombazos a la situación anterior a la existencia de los tratados»).[22] Y es

---

22. *El País*, miércoles 16 de octubre de 2002.

que la paz y la seguridad se han consagrado como principios estructurales por la voluntad de los Estados; por tanto, son los propios Estados los que los establecen como un
mecanismo más para conseguir sus objetivos. Desde su
adopción tras la Segunda Guerra Mundial, los principios
han ido ampliándose de modo horizontal y vertical. En
este segundo caso, los principios de Naciones Unidas han
jerarquizado el derecho internacional, y han pasado a convertirse en principios fundamentales del derecho internacional asociados a normas de *ius cogens*.

Las excepciones en que se puede utilizar la fuerza armada son la legítima defensa (precisamente, el término
que usualmente empleó el diario *El Mundo* en España para
justificar las actuaciones de EE.UU. y que sólo es operati-
va cuando conoce el Consejo de Seguridad) y la autorización del Consejo de Seguridad. Estados Unidos trata de
crear esta nueva figura «preventiva», que supondría una
nueva excepción y un verdadero cajón de sastre. De ahí
la importancia para situar ese acto dentro del terrorismo
o dentro de un conflicto armado (ese mismo camino ha
recorrido en numerosas ocasiones Putin con los sucesos
que se repiten desde hace años en Chechenia). Debía ser
un acto de guerra.

En esta línea, en un ejercicio de malabarismo conceptual el mismo diario *ABC* trataba de cerrar todo debate
durante aquellos días con el siguiente titular: «Guerra terrorista»,[23] donde unía los dos conceptos en una sola de-
signación que debía ser combatida con un concepto también de nuevo cuño: la guerra preventiva.

La mayoría de estas tesis (especialmente en los meses inmediatamente posteriores al atentado, cuando la
opinión pública crea su esquema mental sobre lo sucedido) se difundió masivamente: apenas se escucharon
voces contrarias en las más altas tribunas de la prensa

---

23. *ABC*, 12 de septiembre de 2001.

española, y el debate estuvo totalmente excluido de la televisión.

En el interior, la clara quiebra de los derechos civiles también fue matizada por los medios de comunicación: imágenes como las del ejército y miembros del poder militar en aeropuertos, calles y edificios del país, ocuparon durante los días inmediatamente posteriores al 11-S sólo el 5,89 % del total del espacio informativo.[24] Y ante tales recursos retóricos, acertadamente Norman Birnbaum aseguró que «no es demasiado paradójico que la crítica abierta a la forma de llevar la guerra contra el terrorismo en su forma actual sea el único modo de garantizar la supervivencia de nuestra democracia».[25]

24. http://www.ehu.es/zer/zer12/vidal12.htm
25. *El País*, miércoles 11 de septiembre de 2002. Para el filósofo Richard Rorty, publicado en *El País* el 29 de marzo de 2004, «la sospecha ampliamente extendida de que la guerra contra el terrorismo es potencialmente más peligrosa que el terrorismo en sí me parece completamente justificada».

ÍNDICE